Dyddiad dychwelyd

'Y DDAU GRWT 'NA ETO!'

URIEN WILIAM

GOMER

Argraffiad cyntaf—Hydref 1994

(h) Y stori: Urien William, 1994 ©

ISBN 1 85902 107 7

CBAC

Cyhoeddwyd dan nawdd Cynllun Llyfrau Darllen
Cyd-bwyllgor Addysg Cymru

Argraffwyd gan J.D. Lewis a'i Feibion Cyf.,
Gwasg Gomer, Llandysul, Dyfed

Cyflwynedig
i blant y Barri
ac i blant Talsarnau

PENNOD 1

Caeodd y drws haearn yn glep y tu ôl i Bertram Owen Smith, a chlywodd yr allwedd yn troi yn y clo ac yna sŵn traed yn cerdded i ffwrdd ac yn ei adael mewn tawelwch. Syllodd o gwmpas y gell fach. Beth allai hi fod— deuddeg troedfedd o hyd a deg ar draws? Digon o le i wely haearn a bwrdd bach a chawg ymolch a thoiled. Digon o le i gerdded yn ôl ac ymlaen rhwng y drws a'r ffenest fach uchel a barrog mewn pum cam, a'r rheiny heb fod yn rhai bras—fel teigr mewn caetsh yn hiraethu am ryddid y jyngl.

Eisteddodd ar ymyl y gwely haearn a'i galon yn suddo. Yna tywyllodd ei wyneb mewn dicter. Carchar am oes am ladd Wilkins a Jones, y ddau fradwr oedd wedi ceisio dwyn y cyfan oddi arno! Deng mlynedd arall wedyn am herwgipio'r ddau grwt cythraul, deng mlynedd arall am danio at y slob a deg arall am drio mewnforio heroin. Roedd yn wir fod y cosbau'n cydredeg ond doedd ganddo'r un bwriad o aros yno mor hir â hynny. Ymhen ychydig ddyddiau fe fyddai Mirabelle yn dod i'w weld yn y carchar ac yna fe allai ddechrau trefnu ffordd o ddianc o'r twll hwn—y carchar mwyaf diogel yng Nghymru—carchar Abertawe. Yna fe fyddai allan—ac yn rhydd i fynd ar ôl y ddau grwt a'i dododd yn y carchar yn y lle cyntaf, y naill yn wallt olau a'r llall yn dywyll—y ddau boenyn o'r Barri—Dewi Price ac Owen Davies. Pan fyddai wedi gorffen â nhw fydden nhw ddim mewn cyflwr i ymyrryd â chynlluniau Bertram Owen Smith, y Bos, fyth eto!

*   *   *

Roedd yn ddiwrnod gorfoleddus—diwrnod olaf tymor yr haf a'r bws yn cario llwyth o blant llawen adref i gychwyn ar chwe wythnos o ryddid. Fel arfer ni fyddai neb yn uwch ei gloch na Dewi Price a'i gyfaill mynwesol, Owen Davies, y ddau a herwgipiwyd y flwyddyn flaenorol gan griw o ddihirod a'u cuddio mewn warws yn nociau'r Barri. Yn anffodus i'r dihirod, doedden nhw ddim wedi sylweddoli fod gan Dewi drawsyrrydd radio yn ei boced. Roedd e wedi dar-lledu neges yn syth at yr heddlu a'u harweiniodd i guddfan y dihirod! Y prynhawn hwnnw, fodd bynnag, roedd Dewi'n eistedd yn llonydd wrth i'r bws dreiglo'n araf ar hyd y ffordd lydan o Groes Cyrlwys i'r Barri.

Am ryw reswm fe ddaeth yr herw-gipiad 'nôl i'w feddwl—efallai am iddo weld car heddlu gwyn yn goddiweddyd y bws a chael ei atgoffa am gar gwyn y Bos oedd â marciau heddlu arno.

'Hei, Dewi! Ti'n dawel iawn—beth sy'n bod? Wyt ti ddim yn falch fod gyda ni chwech wythnos o wylie ben-digedig o'n blaene?'

Gwenodd Dewi ac edrych i wyneb hapus ei gyfaill.

'Cofio'r herwgipwyr y llynedd own i —a'r olwg ar wyneb y Bos pan gas 'i ddala!'

Gloywodd llygaid Owen wrth iddo yntau alw'r digwyddiad i gof.

'Ie! Pan welodd e dy radio fach di rown i'n meddwl 'i fod e'n mynd i hollti. Roedd e mor grac! Diolch byth 'i fod e'n saff tu ôl i'r barre, weda i, neu fydde hi ddim yn dda arnon ni!'

*   *   *

Yn oriau mân y bore roedd ffigur mewn du'n sleifio'n dawel ar hyd un o strydoedd cefn Caerdydd. Llithrodd i dywyllwch drws siop fferyllydd a sefyll yn llonydd wrth glywed sŵn o un cyfeiriad. Yna ymlaciodd wrth weld mai tacsi oedd yn mynd heibio. Tynnodd allan declyn bach disglair a throi'i sylw at ddrws y siop. Gwaith eiliad fu gwthio a throi a phwyso—ac yna roedd y drws ar agor ac wedi cau eto a'r ffigur tywyll wedi diflannu y tu ôl iddo. Yna pe bai rhywun yn digwydd syllu drwy'r ffenest, efallai y gwelai olau bychan yn symud yn araf dros y silffoedd a'r poteli gan oedi weithiau cyn symud ymlaen eto. Byddai'r gwyliwr wedi gweld dwylo mewn menig yn codi stethosgob o fag bach du a'i wisgo i wrando ar glo i gwpwrdd cyffuriau ac yna'n troi'r bwlyn i'r dde, i'r chwith ac i'r dde nes clywed clec. Gafaelodd yn y ddolen ac agor y drws. Daeth gwên i wyneb y ffigur mewn du. Munud arall ac roedd drws y siop wedi'i agor a'i gau eto mewn fflach, heb neb yn gallach fod lladrad wedi digwydd.

*   *   *

Trodd yr allwedd yn y clo a gwichianodd y drws trwm wrth droi'n araf ar y colynnau diolew.

'Smith! Ymwelydd iti! Brysia!'—llais garw'r swyddog yn ei iwnifform ddu a'i gap pig.

Cuddiodd y Bos y llawenydd yn ei galon wrth godi oddi ar ei wely haearn ac anelu am y drws. Mirabelle fyddai yna'n siŵr—ac wedi gwneud beth roedd hi i fod i'w wneud, gobeithio.

Roedd y stafell ymwelwyr yn ferw o sŵn pan gyrhaeddodd yno—ugeiniau o wragedd yn clebran â'u gwŷr ac yn cwyno am eu problemau gartref

11

rhwng prinder arian a phlant cwyn-fannus, a chwlwm o fwg sigarennau'n tywyllu'r lle ac yn troi'r awyr yn sur. Pesychodd y Bos ac ochneidio wrth glywed y mwg drewllyd yn ei ffroen-au. Yna cysurodd ei hun wrth feddwl na fyddai'n gorfod diodde hynny am yn hir petai popeth yn mynd yn iawn.

Gallai weld wrth yr edrychiad deall-us a roes iddo fod popeth yn mynd yn iawn. Cododd Mirabelle ar ei thraed a phwyso ymlaen dros y bwrdd i dderbyn esgus o gusan ar ei boch.

'Hei! Dim cyffwrdd!' bloeddiodd swyddog o'r pellter—heb sylwi fod llaw bellaf Smith wedi gorwedd am hanner eiliad ar law Mirabelle—dim ond hanner eiliad—ond fe fu'n ddigon i becyn bach lithro i fyny'i lawes.

Eisteddodd y ddau ac ysgydwodd cudynnau melyn Mirabelle wrth iddi bwyso'n ôl yn ei chadair. Gwenodd a dechrau siarad yn dawel. Nid fod gwa-haniaeth petai rhywun yn clustfeinio. Roedd y siarad yn hollol ddiniwed. Oedd, roedd e'n bwyta ac yn cysgu'n dda, ac yn teimlo cystal ag y gellid ei ddisgwyl dan yr amgylchiadau. Sut roedd pethau gyda hi? O—roedd hi'n edrych ymlaen at fynd i'r ysbyty i ddechrau'i swydd newydd fel nyrs—ie, ie—yr ysbyty newydd ym Mharc Singleton—drannoeth.

Nodiodd yntau gan obeithio y byddai popeth yn mynd yn iawn—drannoeth . . .

PENNOD 2

'Talsarnau? Pam Talsarnau o bob-man?'

Roedd wyneb Luned Price, mam Dewi, yn ddrych o syndod pan ofynnodd Dewi'r cwestiwn, fel petai e wedi sôn am ryw dwll o le yng nghefn gwlad.

'Am fod Alun a Rhys ac Ashley wedi bod yno'r llynedd ac yn dweud fod lle da i wersylla yno a digon o bethe i'w gwneud yn yr ardal—'

'Fel beth?'

'O—ym—nofio a hwylfyrddio—gweld Castell Harlech, y trên i Ffestiniog o Borthmadog, dringo'r Wyddfa, gorsaf drydan Tany—'

'O! Dyna ddigon, grwt! Ti'n hala 'mhen i droi!'

Ochneidiodd Luned Price yn dawel gan wybod fod y frwydr eisoes wedi'i cholli. Roedd Dewi'n bedair ar ddeg ac yn meddwl yn siŵr ei fod yn ddigon hen i fynd oddi cartref heb ei rieni. Roedd wedi tyfu'n sylweddol mewn blwyddyn ac yn edrych yn hŷn na'i oed —roedd ei lais eisoes wedi dechrau crygu wrth iddo newid o fod yn blen-tyn i fod yn laslanc. Allai hi ddim troi'r cloc 'nôl a'i gadw'n grwt bach—rhaid iddo gael symud ymlaen a chael rhyddid a dysgu bod yn gyfrifol drosto'i hun. Heblaw hynny, nid ar ei ben ei hun yr oedd yn bwriadu mynd i wersylla ond gyda'i gyfaill, Owen. Siawns na fyddai'r ddau'n ddiogel gyda'i gilydd ac mai'r peth gwaetha a allai ddigwydd iddyn nhw fyddai cael glaw yn dod i mewn i'r babell yn oriau

mân y bore neu ddafad yn cnoi'r cor-
tynnau oedd yn dal y babell ar ei
thraed. Ac ar ôl ychydig ddyddiau'n
bwyta allan o duniau a chael gwybed
yn eu pigo a phryfed a chorynnod yn
cerdded drostyn nhw ganol nos efallai
y bydden nhw'n gwerthfawrogi'u
cartrefi ychydig yn fwy. Dyna pam
nad oedd grym yn ei llais pan
ddywedodd y byddai'n rhaid iddo ofyn
i'w dad pan ddôi hwnnw adref.

Prin yr oedd y Prif Arolygydd Glyn
Price wedi bod yn y tŷ chwarter awr
cyn fod Dewi ar y ffôn at Owen yn
dweud fod ei dad yn hollol fodlon iddyn
nhw fynd ar wyliau gyda'i gilydd a'i
fod am ffonio Talsarnau y noson
honno. Erbyn amser swper roedd y
cyfan wedi'i drefnu—pabell Owen
oedd yn ddigon mawr i dri neu bedwar
—lle wedi'i drefnu ar fferm y Foel Isaf
mewn cae arbennig ar gyfer gwersylla
—y bws Traws-Cambria o Gaerdydd
fore trannoeth, newid i Fws Gwynedd
ym Mhenrhyndeudraeth a chyrraedd
Talsarnau ganol y prynhawn a chael

15

hen ddigon o amser i godi'r babell a rhoi popeth yn daclus cyn amser te . . .

*　　　*　　　*

'Gw-bei chi'ch dou! Mwynhewch—a bihafiwch!'

'Hwyl!'

Ac yna cychwynnodd y bws o orsaf fysiau ganolog Caerdydd a'r bagiau'n ddiogel yn y gist.

PENNOD 3

Roedd y swyddog ar ddyletswydd ar Lawr 2 yng ngharchar Abertawe yn awyddus i orffen ei waith er mwyn cael mynd i weld y gêm griced rhwng Morgannwg a Swydd Caerloyw. Roedd i fod i orffen ganol dydd; gyda lwc gallai gyrraedd maes Sain Helen erbyn chwarter wedi deuddeg a chael y rhan fwyaf o chwarae'r dydd—a bwrw na fydd yn bwrw glaw, meddyliodd, gan daro cip gofidus drwy'r ffenest at y cymylau gwyn. Wrth iddo oedi eiliad o flaen pob drws i gael cip

16

drwy'r twll ar y carcharorion yn eu celloedd, roedd meddwl am dreulio'r prynhawn o dan wenau'r haul yn ddigon i wneud i Sam Jenkins weithio a symud yn gyflym.

Yn y rhan hon o'r carchar un car-charor oedd ym mhob cell gan eu bod yn ddynion peryglus oedd wedi cael cosbau hir—am oes yn ambell achos—fel Smith yn rhif 16, er enghraifft. Roedd y swyddog bob amser yn ymwybodol ei fod yn ddyn deallus a thwyllodrus a phan edrychai arnoch fe wyddech chi fod rhywbeth ar ei feddwl. Petai'n ddyn betio fe fentrai Sam Jenkins fod Smith yn siŵr o geisio dianc yn hwyr neu'n hwyrach—ond nid heddiw, gobeithio, a Morgan-nwg yn chwarae yn Sain Helen!

Gwyrodd ei ben ychydig ac edrych drwy'r twll. Roedd Smith yn gorwedd ar ei wely, yn ddigon llonydd, a'i lygaid ynghau o dan ei aeliau tywyll, trwchus, fel petai'n cysgu. Crychodd y swyddog ei dalcen mewn syndod; doedd Smith ddim wedi arfer cael

17

cyntun ganol bore. Syllodd eto. Oedd, roedd yn llonydd iawn, yn hollol ddi-symud. Ie, cysgu yr oedd ef, siŵr o fod —ac eto . . . pum munud arall ac fe fyddai wedi gorffen ei waith. Gallai fynd ymlaen a gobeithio'r gorau ond beth os oedd y carcharor yn sâl? Erbyn i'r swyddog nesaf ddod heibio byddai hanner awr wedi pasio.

Cnodd ei wefus isaf, yna ochneidiodd yn ysgafn. Doedd ganddo ddim dewis wir os oedd y dyn yn sâl, gêm neu beidio. Cododd y ffôn oddi ar ei grud ar y mur.

'Esgusodwch fi, syr. Jenkins, Llawr 2. Mae rhywbeth amheus ynglŷn ag 16 . . .'

Ymhen munud roedd swyddog arall wedi ymuno ag ef. Ni fyddai warder yn mentro i gell ar ei ben ei hun ar y llawr arbennig hwn. Estynnodd Jenkins yr allwedd.

'Nefoedd!'

Nid cysgu yr oedd Smith, roedd hynny'n amlwg. Roedd yn gorwedd fel petai wedi marw, neu mewn coma, a

18

phrin yn anadlu o gwbl. Ymhen ychydig eiliadau roedd y ffôn yn brysur eto a neges frys yn nôl meddyg y carchar a dau nyrs wrth ei sodlau. Ymhen deng munud arall roedd ambiwlans yn clochdar ei ffordd ar hyd yr heol fawr i gyfeiriad yr ysbyty mawr ym Mharc Singleton. Rhuthrodd drwy dair set o oleuadau cyn troi i'r dde ac yna i'r dde eto i mewn i gefn yr ysbyty. Rhuthrodd staff disgwylgar a hebrwng y claf i mewn i adain fechan y tu ôl i'r prif adeilad. Cyn pen dim amser roedd Bertram Oliver Smith yn gorwedd yn y gwely a llu o feddygon a nyrsys o'i gwmpas. Roedd nyrs walltgoch eisoes wedi mesur curiad ei waed cyn i'r arbenigwraig gyrraedd ond mynnodd honno ei fesur eto rhag bod unrhyw gamsyniad. Yna gwasgodd ei gwefusau'n dynn at ei gilydd a galw gorchmynion. O fewn ychydig funudau roedd peiriannau cymhleth yn fflachio, gan fesur curiad gwaed y claf a'i wres, a chyflymder ei anadlu— ac yn rhoi neges oedd yn peri gofid.

Roedd swyddogion y carchar yn disgwyl yn amyneddgar yn y coridor pan gerddodd yr arbenigwraig allan ac anelu tuag atyn nhw'n syth.

'Sut mae e, Doctor?'

Roedd yr olwg ar wyneb y meddyg yn dweud y cyfan.

'Ddim yn dda, mae arna i ofn—y galon.'

'Y galon—trawiad?'

'Anodd dweud, Mr—ym?'

'Jenkins, Doctor.'

'Wel, Mr Jenkins, mae'i galon yn curo'n araf. Mae'n bosibl 'i bod hi wedi cael niwed—rhyw fath o drawiad, fel ych chi'n awgrymu—ond mae'n anodd dweud ar y foment. Fe fyddwn ni'n gwybod yn well bore 'fory. Fe fydd rhaid iddo aros fan hyn dros nos ac fe gawn weld shwd bydd e wedyn. Un peth sy'n weddol siŵr—'

'Ie, Doctor?'

Syllodd yr arbenigwraig i lygaid gofidus Sam Jenkins.

'Fe fyddwn yn gwybod y gwaetha—

neu'r gore o fewn pedair awr ar hugain. A nawr, os esgusodwch fi—'

'Un peth, Doctor,—cyn ichi fynd.'

'Ie, Mr Jenkins?'

'Fe fydd rhaid i rywun aros gydag e drwy'r amser—rhywun o'r carchar, wy'n feddwl.'

Crymodd yr arbenigwraig ei phen, 'Wrth gwrs—er, cofiwch, fydd e ddim mewn cyflwr i feddwl am ddianc!'

Daeth gwên fach siriol dros ei hwyneb, yna difrifolodd.

'Ond os bydd yn gwneud pethe'n haws ichi—o ran diogelwch—fe gaiff 'i symud i ward ochr yn y bore os bydd wedi gwella. Sut bydd hynny?'

'O, fe fydd hynny'n iawn,' atebodd y swyddog yn ddiolchgar. Aeth i nôl cadair ac eisteddodd arni wedi i'r meddyg fynd a threfnu gyda'r swyddog arall i newid lle ag ef ymhen dwy awr. Yna eisteddodd yn dawel a syllu ar y goleuadau'n fflachio a'r ffigurau'n rasio—a cheisio peidio â meddwl am y gêm ar lain Sain Helen.

PENNOD 4

Roedd hi wedi bod yn daith hir a blinedig i Owen a Dewi a'r bws yn sefyll droeon i godi a gollwng teithwyr cyn cyrraedd Penrhyndeudraeth. Roedd hi'n ddiwrnod poeth a'r haul yn taro'n gryf drwy ffenestri'r bws a'r unig ysgafnder a gâi'r ddau oedd y peiriannau casét yn eu pocedi yn arllwys caneuon pop i'w clustiau. Diolch byth am glustffon, meddyliodd gyrrwr y bws, wrth weld y ddau'n tapio'u bysedd i rythm y gerddoriaeth—os gellid galw'r fath sŵn annynol yn 'gerddoriaeth'! Heb y rheiny byddai perygl i'r seiniau sgrechlyd lenwi'r bws ac fe fyddai gan y teithwyr eraill air neu ddau i'w dweud am hynny!

Doedd Dewi ddim wedi dod â'r trawsyrrydd poced gydag ef gan wybod na fyddai hwnnw o unrhyw werth iddo mor bell oddi cartref. Fe fu'n ddefnyddiol dros ben flwyddyn yn ôl pan gafodd yntau ac Owen eu herwgipio ond roedd gwrando ar ganu pop

22

dipyn yn fwy diddorol na chlywed negeseuau diflas am 'sut mae'r tywydd acw' a'r cyfarwyddiadau glanio ym maes awyr Caerdydd ac ati.

Fuon nhw fawr o dro yn cael Bws Gwynedd o'r Oakley Arms, ger Maentwrog, i Dalsarnau a disgyn ar sgwâr y pentref. Dringo'r ffordd gul, fynyddig, wedyn i gyfeiriad Llandecwyn am ddau neu dri chanllath nes cyrraedd fferm y Foel Isaf, hen ffermdy gwyngalchog â muriau dwy droedfedd o drwch a lôn fach gul yn arwain at y maes pebyll ryw gan metr y tu draw i'r ffermdy.

Arweiniodd Dewi'r ffordd at fuarth y ffermdy lle'r oedd ci defaid du a gwyn yn gorwedd yn gysglyd o flaen y drws. Pan welodd y ci'r ddau yn agosáu fe gododd ar ei draed a dod tuag atyn nhw â'i gynffon yn chwifio'n wyllt. Edrychodd Owen arno'n amheus gan gofio'r hen air mai'r ci tawel sy'n cnoi.

'Carlo! Tyrd yma!—Wneith o ddim

byd ichi! Eisio 'nhad ydach chi, debyg?'

Neidiodd Owen. Nid oedd wedi clywed y ferch yn dod yn ei ofid ynglŷn â'r ci.

'Ym—ie, os gwelwch yn dda. Wedi dod i wersylla yma ŷn ni.'

Dewi a atebodd gan wenu'n gyfeill-gar arni. Roedd y ferch tua'r un oed â nhw ill dau, gallai feddwl. Roedd yn fer a chanddi lygaid glaslwyd a gwen-gar, trwyn pwt, gwallt cochlyd a chroen golau a brychau haul drosto'n drwch. Roedd hi'n llond ei chroen, a dweud y gwir, a'r rheswm am hynny oedd ei hoffter o deisennod hufen a phopeth melys.

Gwenodd y ferch.

'Mi a i i'w nôl o rŵan.'

Roedd Owen yn falch o gael cyfle i dynnu'r pac trwm oddi ar ei gefn wrth aros i dad y ferch, Mr Roberts, ddod ac fe dynnodd Dewi'i bac yntau, yr un mor ddiolchgar a'i osod wrth ei draed. Roedd y ci defaid wedi penderfynu eistedd o'i flaen ac fe estynnodd

Dewi'i law'n swil a dechrau mwytho pen y ci hardd.

'Hylô, Carlo—ci da—ci da . . .'

Ymatebodd Carlo'n gyfeillgar a'i dafod yn hongian o'i geg a'i gynffon yn chwifio'n wyllt. Gwenodd Dewi.

'Ti'n gweld? Mae e'n hen gi iawn.'

Cyn i Owen fedru dweud gair fe glywson nhw sŵn traed ac fe ddaeth y ferch i'r golwg eto.

'Mae 'nhad yn deud os mai chi ydi Dewi ac Owen o'r Barri mae croeso mawr ichi a dw inna fod i ddangos y ffordd ichi ac mi ddaw o draw i'ch gweld pan fydd o'n llai prysur. Iawn?'

'O, iawn!' atebodd Owen a chodi'i bac.

'Tyd o'na, Carlo!'

Ac mi arweiniodd merch y perchennog y ffordd ar draws y buarth ac allan i'r lôn. Roedd hi'n brasgamu'n gyflym yn ei jîns glas golau a'i blows wen. Trodd i'r chwith i gyfeiriad y maes gwersylla. Roedd hwnnw'n gae mawr a waliau o gerrig o'i amgylch a golygfa tuag at y môr ohono a thŷ ymolch a thoiledau mewn un gongl.

'Dim ond ni sy'ma?' meddai Dewi'n syn.

'Ia—ond mi fyddan nhw yma fel gwenoliaid toc, rŵan mae'r ysgolion wedi cau. Gyda llaw, prun ohonoch chi 'di Dewi a phrun ydi Owen?'

'Wel fi yw Dewi—'

'A fi yw Owen. Shw'mae?'

'A Delyth ydw inna—s'mae? O ia—mae Mam yn deud, pan fydd eisio llefrith arnoch chi, dowch draw i'r tŷ. Hwyl!'

'O—diolch—hwyl!'

Syllodd Dewi arni'n cerdded 'nôl i gyfeiriad y ffermdy a'r ci wrth ei sodlau. Roedd yn braf gweld rhywun ifanc 'run peth â nhw o gwmpas y lle. Yna fe gafodd Dewi syniad ac mi alwodd ar ei hôl.

'Ym—esgusodwch fi!'

Safodd Delyth a throi.

'Ia?'

'Rown i'n meddwl gofyn—hynny yw —roedd Owen a fi'n moyn gwbod—'

meddai Dewi'n lletchwith wrth deimlo'i llygaid glaslwyd yn syllu arno.

'Gwbod beth?'

'Eisie gwbod be sydd i'w wneud mewn lle fel hwn—chi'n gwbod—pethe i rai o'r un o'd â ni—tennis, nofio, sinema, disgo, ac yn y bla'n.'

'Mae'na le i chwara' tennis yn Harlech—ac mi fedrwch chi fynd i nofio i'r pwll nofio yno er—mae'n well gin i fynd i'r traeth fy hun.

'Yn Nhalsarnau?' meddai Owen.

'Nage—yn Harlech. Mae'n dipyn o ffordd ond mae'n werth y drafferth. Mi —mi fedrwn i ddangos y ffordd ichi os leiciwch chi.'

'Gwell inni godi'r babell gynta, gwlei,' meddai Owen.

Gwenodd Delyth.

'Wrth gwrs—wedyn, rown i'n feddwl —rown i ac Elen fy ffrind yn bwriadu mynd yno i 'drochi'n nes ymlaen ac mae croeso i chi ddod hefyd os leiciwch chi.'

'Fe fydde hynny'n neis iawn,' atebodd Dewi.

'Wela i chi ymhen hanner awr, felly,' meddai Delyth—ac i ffwrdd â hi eto gan adael y ddau i godi'u pabell.

'O ie—hanner awr 'te,' atebodd Dewi wrth iddi fynd. Gwenodd wrth ei gweld yn mynd. Roedd Talsarnau'n gwella bob munud . . .

PENNOD 5

Roedd y babell wedi'i chodi ac wedi'i chau'n daclus pan gyrhaeddodd Delyth â thywel o dan ei chesail.

'Ydach chi'n barod?'

'Odyn!'

Gwenodd Delyth.

'Iawn 'ta—awn ni, ia? Mae bob o feic inni yn y sied.'

'Beic?' meddai Owen yn syn.

'Dach chi ddim yn meindio, gobeithio —mae braidd yn bell i gerddad.'

'Na—wel, diolch yn fawr.'

'Iawn 'ta—awn ni, ie? Mi fydd Elen yn ein disgwyl ni.'

Edrychodd Owen a Dewi ar ei gilydd.

'Elen?—O, ie, eich ffrind chi,' meddai Dewi.

'Ia—Elen ydi fy ffrind gora'. Mi fyddwn ni'n gneud pob dim hefo'n gilydd.'

'O—iawn—fe fydd yn fwy o sbort yn bedwar, sbo,' meddai Owen yn ansicr. Gobeithio na fyddai'r Elen 'ma'n debyg i'w chwaer, Gwen, ac yn clebran yn ddi-stop, fel y bydd merched, meddyliodd.

Ond merch dawel â golwg swil arni oedd yn disgwyl am y tri wrth y groesffordd â'i beic; merch dal a chanddi lygaid brownddu, gwallt du i lawr at ei hysgwyddau, wyneb hir, gwelw a thrwyn main. Roedd hi dipyn yn dalach na Delyth a golwg athletaidd iawn arni.

Roedd y pedwar yn dawel a swil ar y cyntaf, fel y bydd pobl sy'n anghyfarwydd â'i gilydd. Yna'n raddol wrth

30

seiclo ar hyd y ffordd fawr i'r Ynys a cherdded ar hyd y llwybr dros y twyni fe ddechreuodd pawb ddweud hanes ei gilydd—am hoffter Dewi ac Owen o rygbi, a diddordeb Delyth mewn ffermio a choginio—ac er iddi gochi a dweud wrth ei ffrind am ddal ei thafod nid oedd Elen yn gwbl anfodlon pan soniodd Delyth am ei llwyddiant fel nofwraig a phencampwraig ar redeg ym mabolgampau'r ysgol a'r sir. Ac erbyn iddyn nhw gyrraedd tywod melyn y traeth roedd fel petaen nhw wedi nabod ei gilydd erioed a'r swildod wedi diflannu'n llwyr.

'Am y cynta i'r dŵr!' gwaeddodd Delyth gan ddiosg ei dillad uchaf—a dangos ei bod wedi gwisgo'r wisg nofio odanyn nhw. A chan fod Elen wedi gwneud yr un peth roedd y ddwy'n tasgu dŵr at ei gilydd ac yn gwichian chwerthin yn braf ymhell cyn i'r bechgyn orffen newid a rhedeg atyn nhw.

Fe gawson nhw eitha hwyl yn y dŵr ac roedd hi'n amlwg yn syth fod Elen yn gallu nofio dipyn yn well na'r tri arall ac yn medru gwneud y gwahanol ddulliau hefyd—nofio broga, nofio pilipala, nofio ar ei chefn ac ymlusgo. Roedd Dewi'n ei ystyried ei hun yn ymlusgwr da ond fe gafodd dipyn o syndod pan saethodd Elen heibio iddo gan adael iddo deimlo ei fod yn sefyll yn llonydd yn y dŵr. Fel y byddech yn ei ddisgwyl, fe dasgodd rhywun ddŵr dros y llall yn chwareus a'r foment nesaf roedd Owen a Dewi a Delyth yn tasgu dŵr at ei gilydd am y gorau. Yna pan drodd Dewi'i ben i weld beth oedd Elen yn ei wneud doedd dim golwg ohoni. Edrychodd yn syn, yna mi gyffrôdd.

'Hei! Beth sy wedi digw'dd i Elen?'

Rhoes y ddau arall y gorau i dasgu dŵr at ei gilydd.

'Iechyd! Dyw hi ddim wedi boddi, gobeithio!'

'Boddi?' meddai Delyth a'i llais yn llawn gofid, 'Mam fach! Elen druan! Be' wnawn ni?'

'Chwilio amdani!' meddai Owen.

'Nôl help!' meddai Dewi.

Yna dechreuodd Delyth wenu a chwerthin—wrth i ben tywyll Elen ddod i'r golwg ryw ugain metr i ffwrdd. Roedd hi wedi bod yn nofio o dan y dŵr.

'O!' ebychodd Dewi gan deimlo'n ffŵl. 'Dere, boi!' a'r eiliad nesaf roedd y ddau'n tasgu dŵr drosti o bob ochr nes iddi wichian a phlymio o dan y dŵr er mwyn dianc.

Yna, gyda hyn, roedd y pedwar yn gorwedd ar y tywod melyn ac yn teimlo'r heulwen yn gynnes ar eu cyrff nes bod eu dillad nofio wedi sychu amdanyn nhw. Wedyn rhaid oedd rhedeg ras ar hyd y traeth a'r tro hwn mi ddaliodd Elen i redeg ysgwydd wrth ysgwydd â Dewi er iddo wneud ei orau i gyflymu. Yna stopiodd y ddau a sefyll yno gan lyncu anadl yn ddwfn i'w hysgyfaint wrth wylied Owen a Delyth yn trotian yn hamddenol tuag atyn nhw. Doedd Owen fwy na Delyth ddim am ymlâdd wrth wneud ymarfer corff!

Pan gyrhaeddodd Delyth ac Owen, roedd y ddau arall yn syllu ar draws y dŵr at yr ochr draw—at fryniau Eifionydd a Chastell Cricieth.

'Yn fancw mae Porthmeirion, ylwch,' meddai Elen gan bwyntio i'r dde.

'Porthmeirion?'

'Pentre Eidalaidd—dyna lle ddaru nhw ffilmio 'The Prisoner' 'slawer dydd.'

Gloywodd llygaid Dewi. Roedd yn gwybod am y gyfres deledu enwog ac wedi gweld nifer o'r penodau ar fideo. Fe roddai rywbeth am gael mynd i weld y lle—a falle yr hoffai Delyth ac Elen ddod gyda nhw'n gwmni, ychwanegodd yn swil. Gwenodd y ddwy. Fe fydden nhw wrth eu boddau'n mynd a chael dangos y lle i'r ddau—y tyrau uchel a'r man canol fel bwrdd gwyddbwyll a'r adeilad oedd yn hanner cwch hwylio. Fe allen nhw fynd fore trannoeth a threulio drwy'r dydd yno petai Dewi ac Owen yn dymuno hynny.

Fe fyddai Dewi wrth ei fodd ac roedd hyd yn oed Owen yn eithaf bodlon hefyd, gan fod tipyn mwy rhwng clustiau Elen nag yng nghlop ei chwaer fach, Gwen. Roedd modd siarad am bethau'n synhwyrol gydag Elen heb ofni iddi bwdu a dechrau tafodi.

Gyda hyn roedd hi'n bryd i Elen a Delyth fynd adref am swper.

'Wy'n meddwl falle y dyliwn i ffonio adref i weld fod pawb yn iawn,' meddai Dewi'n ddidaro wrth i'r pedwar gyrraedd sgwâr Talsarnau.

'Ie—falle y gwna inne 'ny hefyd,' meddai Owen yr un mor ddidaro. 'Mae 'na le i ffono yn y pentref, siŵr o fod.'

'Oes, draw fan'cw, ylwch,' atebodd Elen.

'Reit 'te—wel—welwn i chi 'fory 'te. Faint o'r gloch wedwn ni? Hanner awr wedi deg?'

'I'r dim—hwyl rŵan. Welwn ni chi'n y bora! O, ia—mi fedrwch chi adael y beicia' yn y buarth, os leiciwch chi.'

'Diolch!'

Syllodd Dewi ac Owen ar y ddwy'n mynd.

'Ti'n gwbod beth?' dechreuodd Owen.

'Beth?'

'Mae Elen yn nofio fel pysgodyn, on'd yw hi? Wyddwn i ddim fod merched yn gallu gwneud cystal ffrindie.'

'Na finne chwaith,' atebodd Dewi, 'A gweud y gwir, wy'n eitha edrych mla'n at 'fory. Wyt ti?'

'Wel—ydw, sbo. Hei—dere inni gael ffono cyn i Mam ddechre mynd lan y wal!'

PENNOD 6

Twtiodd Mirabelle Smith ei gwallt melyn o dan ei wig du, trawodd hen bâr o sbectolau cragen crwban â gwydrau clir ynddyn nhw ar bont ei thrwyn a syllodd ar ei golwg yn y drych mawr; yna gwenodd—fe wnâi hi nyrs ardderchog yn ei hiwnifform las!

Trodd ac estyn am y bag oedd yn gorwedd ar y gadair fach wrth ymyl y gwely. Roedd y bag yn llawn—esgidiau, siwt, crys a thei, siaced wen, stethosgob—a chwistrell yn barod at ei waith. Rhyfeddodd unwaith eto at wybodaeth Bertram am bethau—y tabledi Propanalol i wneud iddo edrych yn sâl—fel petai wedi cael trawiad ar y galon—a'r Largactil . . . Edrychodd yn gyflym ar ei watsh a throi am y drws. Roedd yn bryd iddi fynd i roi tro am y claf, druan, yn yr ysbyty.

Ar ôl cyrraedd yr ysbyty fe gafodd Mirabelle le i adael y car—Volvo mawr glaslwyd—yn lle parcio'r meddygon a'r nyrsys. Yna cerddodd i mewn i'r prif adeilad â'r bag yn ei llaw. Nid oedd ganddi ffordd bell i fynd; ar hyd y coridor, tro i'r dde heibio i adran y Therapydd Lleferydd ac yna draw i'r lle yn y cefn. Fel roedd hi'n disgwyl, ni sylwodd neb ar y nyrs yn mynd heibio; roedd yr ysbyty mor fawr doedd hanner y staff ddim yn nabod yr hanner arall, ac ni fyddai neb yn amau wyneb diarth arall o gwmpas y lle.

Roedd y 'claf' wedi'i symud i ward ochr erbyn hyn gan ei fod gymaint yn well a heb fod mewn perygl. Byddai'n rhaid iddo aros yno eto am ddiwrnod arall rhag ofn i'r drafferth ailddechrau —ond doedd hynny ddim yn debygol iawn, meddyliodd Mirabelle, gan na fyddai Bertram ddim yn debyg o lyncu rhagor o'r tabledi.

Roedd swyddog o'r carchar yn eistedd o flaen drws y ward ochr â golwg ddiflas ar ei wyneb. Roedd wedi bod yno ers oriau heb gymaint â phaned o de. Goleuodd ei wyneb yn obeithiol pan welodd y nyrs yn nesáu. Tybed a fyddai siawns am baned nawr?

Gwenodd y nyrs arno—wrth gwrs roedd siawns am baned. Fe âi hi i drefnu hynny iddo mewn munud ar ôl cael cipolwg brysiog ar y claf. Syllodd y swyddog arni'n foddhaus—roedd yn ddyn praff, cyhyrog a dyrnau mawr peryglus yr olwg ganddo.

Cyn iddi fynd at y claf, fodd bynnag, fe aeth draw at y brif ward ac edrych i mewn. Roedd y lle'n dawel—dim ond un nyrs yn eistedd wrth y ddesg a'i thrwyn mewn pentwr o ffurflenni, a hanner y cleifion yn cysgu neu'n gorwedd yn dawel gan syllu at y nenfwd, yn rhy wael i wneud dim. Roedd hi wedi dewis ei hamser yn dda—roedd y meddygon wedi bod o gwmpas yn archwilio'r cleifion. Fe fyddai'r awr nesaf yn weddol dawel . . .

Rhoes wên ar y swyddog wrth fynd heibio iddo i mewn i'r ward ochr a gosod y bag i lawr wrth ymyl y gwely. Gwenodd.

'Bore da, Mr Smith—shwd ych chi heddi'? Shwd gysgoch chi neithiwr? Ga i gymryd eich pwysedd gwaed chi?'

Daeth ebychiad diamynedd o'r gwely.

'Sdim amser i wastraffu, fenyw—ydi'r chwistrell yn barod?'

'Fan hyn.'

Agorodd Mirabelle y bag a thynnu'r chwistrell ohono.

'A'r dillad?'

'Oes isie iti ofyn?'

'Iawn. Gore po gynta 'te.'

Nodiodd hithau ei phen a gafael yn y chwistrell. Yna fe symudodd sgrin nes ei fod yn cuddio'r gwely o'r drws cyn mynd at y drws.

'Esgusodwch fi.'

Cododd y swyddog ei ben.

'Ie, nyrs?'

'Sgwn i a fyddech chi'n fodlon rhoi help llaw i fi?'

'Wrth gwrs.'

Cododd y swyddog a mynd i mewn i'r ward, heibio i'r sgrin ac at erchwyn y gwely. Roedd y 'nyrs' â'r chwistrell yn ei llaw yn barod—a'r claf â golwg ofnus ar ei wyneb.

'Beth yn hollol ydych chi am i fi wneud, nyrs?'

'Dim ond rhoi'ch breichiau amdano fe a'i ddal yn llonydd am eiliad.'

Nodiodd y swyddog a gwyro dros y

claf. Roedd golwg ofnus ar wyneb Smith.

'Be' chi'n mynd i neud? Ma' ofon nodw'dd arna i!'

'Dewch mlân, Smith,' meddai'r swyddog. 'Peidiwch â bod yn fabi, dyn mawr fel chi!'

Gafaelodd am ysgwyddau Smith er mwyn ei ddal yn llonydd. Yr un eiliad cydiodd Smith ynddo yntau'n dynn— a'r eiliad nesaf teimlodd y swyddog y nodwydd yn suddo'n ddwfn i'w ben-ôl. Sythodd yn syn, yna syrthiodd fel sachaid o datws 'nôl ar draws y gwely. Ar unwaith gwthiodd Smith ef o'r neilltu a neidio o'r gwely. Mater o eiliadau fu hi iddo wisgo'r dillad o'r bag —ac yna fe wthiwyd y corff tawel i mewn i'r gwely a thynnu'r dillad hyd at ei wddw.

Funud yn ddiweddarach roedd arwydd 'Do not Disturb' ar ddrws y ward ochr ac roedd y nyrs yn ei gwallt du a'i sbectol dywyll yn dilyn y 'doctor' oedd yn brasgamu i lawr y coridor yn

42

ei siaced wen a'r stethosgob am ei
wddw.

*　　*　　*

Ddeng munud yn ddiweddarach roedd
y car yn dringo i draffordd yr M4 ger y
bont dros afon Nedd a'i drwyn tua'r
Dwyrain.

'Ble nesa, Bertie?'

'Ble nesa? Oes angen gofyn? I'r
Barri—i gael gafael yn y ddau grwt
'na!'

*　　*　　*

Tua'r un adeg yn union, cerddodd y
nyrs oedd â gofal y ward i mewn i'r
ward ochr, yn methu deall i ble'r oedd
y swyddog wedi mynd—a'i gael yn
cysgu'n dynn yng ngwely'r claf . . .

PENNOD 7

Roedd y Prif Arolygydd Glyn Price yn
brysur yn ei swyddfa pan ganodd y
ffôn—galwad iddo o brif swyddfa'r
heddlu yn Abertawe oddi wrth ei hen
gyfaill, Edgar Tasker.

'Edgar! Shw'mae ers llawer dydd?'

'Glyn! Mae'n braf cael clywed dy lais. Shwd mae'r teulu?'

'Ardderchog. Mae Luned yn cadw'n dda ac mae Dewi'n siapo i fod yn dalach na'i dad! Shwd mae pawb yn Abertawe?'

'Cadw ni'n brysur, ti'n gwbod—fel y bydd plant yn 'u harddege—'

'Wel—beth ga i wneud iti?'

'Dim byd ar hyn o bryd, a dweud y gwir, ond—'

'Ond beth? Oes rhywbeth yn bod?'

'Wel, oes mewn ffordd—'

'Mewn ffordd?'

Roedd yr ansicrwydd yn llais Edgar Tasker yn gwneud iddo deimlo'n annifyr.

'Meddwl oeddwn i y dylet ti gael gwybod ar unwaith.'

'Gwybod beth, Edgar?'

'Y dyn 'na wnaeth herwgipio dy fab y llynedd—'

Tywyllodd wyneb Glyn Price wrth gael ei atgoffa am y dyn.

'Smith? Beth amdano fe?'

'Mae—mae wedi dianc.'

'BETH?'

Prin y gallai Glyn Price gredu'r hanes.

'Mae'n rhaid fod Smith wedi cael gwellhad cyflym—mor gyflym nes bod dyn yn amau mai twyll oedd y cyfan.'

'Yn hollol—ac mae'n awgrymu hefyd fod rhywun wedi'i helpu—rhoi cyffur iddo yn y carchar er mwyn gwneud iddo edrych yn sâl a'i helpu wedyn i ddianc o'r ysbyty!'

'Clyfar iawn—y math o dric y byddai Smith yn 'i chwarae.'

'Mae gyda ni un cliw.'

'O?'

'Fe sylwodd rhywun ar "feddyg" diarth yn gadael yr ysbyty tua'r un adeg a nyrs gydag e—nyrs â gwallt du.'

'Merch?'

'Ie. A'r cwestiwn yw—pwy? A'r ail gwestiwn yw—ble maen nhw erbyn hyn?'

Daeth nodyn hyderus i lais Glyn Price.

'Wel, dŷn nhw ddim yn debyg o ddod i gyfeiriad y Barri o bobman ar ôl beth ddigwyddodd yma'r llynedd—ond diolch i ti fe fydd pob plismon drwy'r ardal yn cadw llygad ar agor am Smith a'r ferch.'

'A beth am—y bechgyn?'

Oedodd Glyn Price cyn ateb. Gallai synhwyro beth oedd ar feddwl y llall. Onid oedd Smith wedi gweiddi a thyngu y dôi 'nôl i ddial ar y ddau fachgen am eu rhan yn ei garcharu yntau?'

'Glyn—wyt ti yno?'

'Ydw—meddwl oeddwn i—os yw e â'i feddwl ar ddial ar Dewi ac Owen mi fydd yn anlwcus gan fod y ddau newydd fynd bant am wythnos o wylie—a does neb yn debyg o ddweud ble maen nhw wrth Smith!'

'Diolch byth am hynny! Wel 'te, mae'r trefniadau arferol ar waith, wrth gwrs; gorsafoedd, y draffordd a'r priffyrdd. Fydd hi ddim yn hawdd iddo ddianc trwy'r rhwyd! Mi ffonia i os bydd unrhyw ddatblygiadau—iawn?'

'Iawn—a diolch, Edgar.'

Roedd golwg ddifrifol ar wyneb y prif arolygydd wrth iddo roi'r ffôn i lawr. Smith o bawb wedi dianc o fewn blwyddyn ar ôl cael ei ddal—prin chwe mis ar ôl cael ei ddedfrydu am oes am ei bechodau. Y cwestiwn mawr oedd beth i'w wneud—dweud wrth ei wraig ac wrth rieni Owen neu beidio. Yna ystyriodd y byddai'r stori'n siŵr o fod ar y teledu ac yn y wasg. Pa ddiben oedd ceisio cuddio'r peth? A beth am y bechgyn? A ddylai'u nôl nhw adref o'u gwyliau?

Cododd y ffôn a deialu.

'Hylô. John? . . . Glyn sy 'ma—gwrando—mae 'da fi rywbeth i weud wrthyt ti . . .'

PENNOD 8

Tua chanol dydd daeth cnoc ar ddrws Glyn a Luned Price. Pan agorodd hi'r drws roedd Volvo mawr llwydlas yn sefyll yn y stryd gyda'r llythrennau

'B.B.C.' yn amlwg ar yr ochr a merch o gwmpas deg ar hugain oed â gwallt golau ac mewn ffrog haf yn sefyll wrth y drws.

'Hylô?'

'Hylô! Ym—Mrs Price?'

'Ie.'

'Mrs Luned Price, mam Dewi?'

'Ie—beth ga i wneud drosoch chi?'

Gwenodd y ferch arni'n siriol.

'O, Mrs Price! Mae'n siŵr eich bod chi wedi clywed y newyddion—am y dyn 'na?'

'Y—dyn 'na?'

'Ie, ie—yr hen ddyn Smith 'na yr helpodd eich mab i'w ddal y llynedd—mor ddewr—mor ddewr!'

'Wel?'

'Newyddion, Mrs Price! Mae yn y newyddion! Mae'r heddlu'n chwilio amdano fe ym mhobman! Wel ichi, mae'r B.B.C. wrthi'n paratoi eitem am y digwyddiad ar gyfer y newydd-ion heno ac mae'r cynhyrchydd, Gareth Lewis-Jones, wedi gofyn i fi ddod i lawr yma ar unwaith i gael syl-

wadau Dewi ac Owen ac mae am i'r
ddau ddod i mewn i'r stiwdio'r pryn-
hawn yma i recordio sgwrs am 'u teim-
lade.'

'Eu teimlade?'

'Ie, chi'n gwbod, 'u hatgofion am y
digwyddiade cyffrous y llynedd, sut
ddyn oedd y Smith 'ma, a sut maen
nhw'n teimlo nawr mae Smith wedi
dianc—y math yna o beth. Felly, os
yw'n iawn 'da chi, fe leiciwn i gael gair
â Dewi nawr ac yna falle y daw e gyda
fi i 'nôl 'i ffrind, Owen, er mwyn iddyn
nhw ill dau ddod gyda fi i'r stiwdio—
chymeriff hi ddim amser hir—'

'Amhosibl.'

Daeth awydd chwerthin dros Luned
Price wrth weld y syndod ar wyneb y
ferch wallt-olau.

'Chi'n gweld, fe fyddai dipyn bach
yn anodd ichi roi cyfweliad i Dewi ac
Owen heddi'—gan 'u bod nhw newydd
fynd i ffwrdd ar 'u gwylie i'r Gogledd.'

Syrthiodd wyneb y ferch, yna fe
wenodd yn hyderus.

49

'Dim problem—mae gyda fi gar cyflym. Fe alla i fod lan yn y Gogledd o fewn tair awr ar y mwyaf—a'r uned allanol gyda fi. Dim ond chwarter awr o sgwrs ac yna fe allan nhw fynd ymlaen â'u gwylie ac fe gewch 'u gweld nhw ar y teledu heno! Nawr, os leiciech chi ddweud ble y galla i ddod o hyd iddyn nhw—'

'Wel,—mewn pabell yn Nhalsarnau maen nhw—ar fferm y Foel Isaf.'

'Fferm y Foel Isaf, Talsarnau. Ardderchog. Wel, diolch yn fawr ichi Mrs Price. Mi gychwynnwn ni ar unwaith —a chofiwch edrych ar y rhaglen newyddion heno. Bore Da! Diolch yn fawr!'

Roedd y ferch a'i Volvo wedi diflannu cyn i Luned Price gael cyfle i dynnu anadl ddwywaith.

*   *   *

Roedd yn ddiwrnod heulog, braf unwaith eto ac roedd y pedwar wrth eu bodd ym Mhorthmeirion, yn crwydro drwy'r gerddi ac yn dotio ar yr olygfa o'r twr uchel 'nôl dros y môr at

Harlech. Roedd y pedwar wedi seiclo draw dros y dollbont, Pont Briwet, ac wrth iddyn nhw fynd trwy bentref Minffordd sylwodd Owen ar fwg trên yn codi.

'Co! Trên Ffestiniog! Fe licwn i fynd arno fe rywbryd!'

'Awn ni 'fory falle, ife?' galwodd Dewi oedd yn seiclo ychydig o'i flaen.

'Ie!'

'Licech chi'ch dwy ddod hefyd?'

'Mi ddown ni, os na fydd hi'n glawio 'tê?' meddai Delyth.

'Yr hen Jeremeia!' ochneidiodd Owen yn chwareus.

Anghofiodd pawb am drannoeth tra oedden nhw'n mwynhau ym Mhorthmeirion. Yna pan oedden nhw wedi cyrraedd 'nôl i Dalsarnau fe ddywedodd Delyth fod disgo yn y dref yn nes ymlaen—ac fe gytunodd y pedwar i fynd iddo gyda'i gilydd.

*   *   *

Ni chymerodd yr heddlu fawr ddim sylw o'r Volvo mawr glaslwyd a'r llythrennau 'B.B.C.' arno a groesodd

51

Bont Hafren ymhen rhyw awr ar ôl gadael y Barri. Roedd y gyrrwr mewn lifrai tywyll ac yn gwisgo sbectol haul. Y tu ôl iddo roedd merch wallt-olau'n eistedd. Trodd y car i'r chwith ar ôl croesi'r bont a sefyll yn y maes parcio ger y lle bwyd.

'Fydda i ddim yn hir . . .' meddai'r ferch wallt-olau ac yna aeth i mewn i'r bwyty gan gario pecyn.

Ymhen hanner awr, fwy neu lai, daeth galwad brys i Uned Ddifa Bomiau'r Fyddin i ddod i weld pecyn amheus yn nhoiledau'r merched. Fe fu'n ffwdan ofnadwy i glirio pawb o'r lle bwyd tra bu'r milwyr wrthi a hanner dwsin o geir yr heddlu a'u goleuadau'n fflachio yn rhwystro'r drafnidiaeth ac yn ailgyfeirio gyrwyr blin.

Yna, o'r diwedd, daeth neges at yr heddlu fod popeth yn iawn ac y gallai bywyd normal ailgychwyn yno. Beth oedd yn ddiddorol am y pecyn oedd nad bom oedd ynddo ond dillad carcharor. Sut yn y byd yr oedd hwnnw wedi

52

llwyddo i adael y dillad yn nhoiledau'r merched o bobman? Un peth oedd yn amlwg; byddai'n rhaid cadw llygad ar agor am Bertram Oliver Smith yn Llundain, Bryste a Southampton nawr.

Ond tra oedd heddluoedd De Lloegr yn chwilio am y Bos roedd hwnnw a Mirabelle yn gyrru ar hyd yr M5 ac yn anelu am ganolbarth Cymru.

PENNOD 9

Edrychodd y swyddog draw at y car glaslwyd oedd yn sefyll mewn cilfach am y ffordd â'r carchar agored yng nghanolbarth Cymru. Byddai pobl yn aml yn gwneud hynny er mwyn cael rhyfeddu at y carchar—carchar heb furiau—un o'r rhai cyntaf o'i fath. Fe fyddai wedi cymryd mwy o sylw, fodd bynnag, petai'n gwybod fod gan y ferch wallt-felen, brydferth, oedd yn edrych o dan y fonet, reswm arbennig dros fod yno—a bod dyn oedd wedi ffoi o garchar Abertawe yn eistedd yng nghefn y car y tu ôl i'r ffenestri tywyll.

Plygodd Mirabelle ymlaen fel petai'n mynd i wneud rhywbeth i'r peiriant ac yna fe edrychodd draw i gyfeiriad y carchar.

'Weli di e?' sibrydodd y Bos.

'Dwy i ddim yn siŵr—mae'n anodd dweud o'r pellter yma ac maen nhw i gyd yn gwisgo'n debyg i'w gilydd,' sibrydodd hithau'n ôl.

Roedd hynny'n wir. Rhaid bod dros hanner can metr rhwng y car a'r carcharorion oedd yn gweithio yng ngardd fawr y carchar.

Craffodd Mirabelle. Roedd tua dau ddwsin o ddynion yn gweithio yn yr ardd—a hyd y gallai hi weld dim ond dau swyddog oedd wrth law i'w gwarchod.

Dyna pryd y gwelodd un o'r carcharorion Mirabelle yn sefyll wrth ymyl y car. Plannu rhosynnod yr oedd e ar y pryd. Safodd yn llonydd a'i geg yn agored, yn rhythu ar y ferch wallt-

olau. Beth yn y byd yr oedd Mirabelle
o bawb yn ei wneud yn fan'na?

Syllodd Mirabelle ar y pen sgwâr a'r
gwallt wedi'i gropio. Ac wrth weld y
geg agored a'r syndod ar yr wyneb
garw fe wenodd hithau eto.

'Co fe! Humphreys. Ac mae e wedi
'ngweld i.'

Symudodd y ffenest fodfedd yn is.

'O'r gore—caea'r fonet a dere'n ôl i'r
car a thanio'r injan. Yna . . .'

Gwrandawodd Mirabelle yn astud,
yna caeodd y fonet. Eisteddodd yn y
car a thanio'r injan. Yna trodd y car yn
araf mewn hanner cylch nes ei fod ar
ochr draw'r ffordd—a dim ond deugain
metr rhyngddo a'r carcharor syn. Yr
eiliad nesaf, agorodd drws y car a
chlywodd y carcharor lais yn ei alw.

'Hei! Humphreys! Dere 'ma—glou!'

Roedd e'n nabod y llais—llais yr
oedd rhaid iddo ufuddhau iddo fel yr
oedd wedi gwneud ers blynyddoedd.
Cyn i neb sylweddoli beth oedd yn
digwydd roedd y carcharor yn ei
gwadnu hi ar draws yr ardd, gan

sathru ar flodau yn ei frys. A'r eiliad
nesaf rhoddodd ddyrnod i'r swyddog
syn yn ei ganol nes ei ddyblu'n ddwy,
llamodd drwy'r glwyd agored a neidio
i mewn i grombil y car. Rhuodd yr
injan a diflannodd y car mewn cwmwl
o fwg yn sŵn banllefau'r carcharorion
eraill.

'Wel—dwed dy fod ti'n falch i
'ngweld i!'

Syllodd Humphreys i wyneb y dyn
ag aeliau trwchus a thorrodd gwên
fawr dros ei wyneb.

'Hylô, Bos—wy'n falch i'ch gweld
chi!'

Yr eiliad nesaf diflannodd y wên a
daeth golwg o syndod dros yr wyneb
garw.

'Hei, Bos—beth ych chi'n wneud fan
hyn?'

'Meddwl 'i bod hi'n hen bryd iti
adael y carchar, Humphreys. Heblaw
hynny—mae gyda ni waith pwysig i'w
wneud—yn Nhalsarnau.'

'Talsarnau, Bos?'

'Ie, Humphreys—pentre bach yn

agos i Harlech. A ti'n gwbod beth sy'n ddiddorol obeutu Talsarnau?'

Roedd yn amlwg fod meddwl Humphreys yn gweithio'n galed—fe allech weld hynny wrth y chwys ar ei dalcen.

'Beth, Bos?'

'Mae ein ffrindie bach, y ddau gnaf o'r Barri yno, yn disgwyl amdanom ni!'

'Pwy ffrindie, Bos? Dw i ddim yn nabod neb o'r Barri—'

Ochneidiodd y Bos yn amyneddgar, fel tad yn siarad â phlentyn.

'Ti'n cofio Dewi Price ac Owen Davies, wyt ti ddim? Ac fel y cest ti bum mlynedd o garchar o'u hachos nhw!'

'O ydw, Bos! Mi leiciwn i gael gafael ynddyn nhw. Mi dynna i nhw'n yfflon! —Neu a liciech chi i fi wneud hyn iddyn nhw?'

A thynnodd Humphreys ystum o dorri corn gwddw â chyllell gan wenu'n ddisgwylgar.

Am chwech o'r gloch roedd sawl teulu yn y Barri wedi ymgasglu o gwmpas eu setiau teledu, yn disgwyl am yr Eitem Fawr. Yn eu plith, wrth gwrs, roedd teuluoedd Dewi ac Owen ond roedd nifer o deuluoedd eraill hefyd yn gwylio—am fod mam Owen wedi digwydd sôn, wrth basio fel petai, mewn sgyrsiau dros y ffôn fod y bechgyn yn ymddangos mewn eitem—ar Newyddion Chwech.

Y dyn, Smith, oedd y bedwaredd eitem ar y bwletin. Adroddwyd mai hwn oedd y dyn a herwgipiodd y ddau fachgen, Dewi Price ac Owen Davies, disgyblion yn Ysgol Uwchradd Aber-elai, Caerdydd, y llynedd. Gwichiodd Gwen wrth weld lluniau'i brawd a Dewi. Ond dyna'r cyfan!

Edrychodd pawb ar ei gilydd yn anghrediniol.

'Beth am y bechgyn 'te?'—Jane Davies ebychodd y geiriau.

'Wel, wir, beth all fod wedi digw'dd?'

meddai'i gŵr yr un mor siomedig â'i wraig, 'Newyddion Chwech wedodd hi yntefe?'

'Ie! Ond ble maen nhw, 'na beth licwn i wbod—a heblaw 'ny meddylia am yr holl bobol oedd yn dishgwl gweld Owen a Dewi yn y cnawd a'u clywed yn siarad! Beth feddylian nhw? Meddwl 'mod i'n gweud celw'dd, sbo!'

A'r un eitem yn union fu ar y newyddion hwyrach. Erbyn hyn roedd Jane Davies yn wirioneddol grac.

'I feddwl fod y groten wedi addo y bydden nhw 'mlaen heno a finne wedi gweud wrth bawb! Mae digon o chwant arna i ffono'r tipyn cwmni teledu 'na a rhoi pishyn o 'meddwl iddyn nhw!'

'Wel fe fydd rhaid iti aros tan y bore 'te. Fydd neb yno yr amser yma o'r dydd.'

'Iawn. Mi ffona i nhw bore fory—o gwnaf—ac fe gân nhw gystal pryd o dafod ag a gawson nhw erio'd! A wy'n gwbod beth wna i nawr—mi ffona i'r

59

bechgyn i gael gwbod beth ddigwydd-odd.'

*   *   *

Fe fu'r disgo'n eitha llwyddiant ac roedd Delyth ac Elen wrth eu bodd yn cyflwyno eu ffrindiau newydd i bawb. Doedd fawr o siâp ar ddawnsio Owen ond doedd hynny ddim yn bwysig gan fod digon o hwyl a sbort wrth iddyn nhw siglo a symud o dan y goleuadau fflachiog. Ond hedfanodd yr amser a chyn bo hir roedd yn bryd ei throi hi am adref.

Cyn i Owen, Delyth a Dewi ddweud nos da wrth Elen ar sgwâr y pentref, fodd bynnag, daeth ei thad allan ar garreg y drws a dweud fod y pedwar i fynd i ffermdy'r Foel Isaf am damaid o swper—a bod mam Owen wedi ffonio.

Ochneidiodd Owen a gwenodd y lleill mewn cydymdeimlad.

Ond roedd rheswm da pam pan gyr-haeddodd y pedwar y Foel Isaf a chlywed beth oedd byrdwn neges Mrs Davies. A bu rhaid i'r ddau fachgen ddweud hanes yr herwgipiaid wrth gynulleidfa syn (ac edmygus) cyn cael swper. Ac wrth gwrs fe fu rhaid i'r ddau ffonio adref eto a dweud na fu'r BBC ar gyfyl y lle ac addo bod yn ofalus ac ar eu gwyliadwriaeth. Yna o'r diwedd fe ffarweliodd pawb â'i gilydd gyda diolchiadau am y croeso ac yn y blaen, ac fe droes Dewi ac Owen i gyfeiriad y maes gwersylla, ar ôl trefnu cwrdd â'r ddwy eto fore trannoeth i fynd ar y trên i Flaenau Ffestiniog o orsaf Minffordd.

Roedd hi'n noson dywyll, dileuad ac fe faglodd Owen wrth gerdded dros y lôn arw.

'Ow!'

'Beth sy'n bod?'

'Fe fydde'n dda 'da fi tase 'na ole stryd ffor' hyn—mae mor dywyll â bola buwch!'

Petasai lampau stryd yno bydden nhw wedi sylwi ar gerbyd glaslwyd yn sefyll ar ochr y lôn ond roedd y ddau fachgen heb arfer â thywyllwch y wlad. Bron nad oedden nhw'n gorfod teimlo'u ffordd trwy'r tywyllwch i gyf-

eiriad eu pabell. Roedd yn dipyn o syn-
dod felly pan lewyrchwyd golau fflach
yn eu llygaid gan eu dallu.

'Wel, wel, pwy fydde'n meddwl?
Dewi ac Owen! Shw' mae ers llawer
dydd?'

A chyn y gallai'r ddau fachgen
symud fodfedd roedd dwylo garw a
chryf wedi gafael ynddyn nhw. Doedd
dim modd iddyn nhw wneud cam-
syniad. Roedden nhw yng ngafael
ddur y Bos a Humphreys unwaith eto!

PENNOD 11

Trawodd lampau'r car glaslwyd
nerthol dros Bont Britannia wrth iddo
groesi i Ynys Môn gan oleuo'r arwydd-
ion ffyrdd. Dringodd y cerbyd y rhiw
serth a llamu ymlaen ar y ffordd fawr
oedd fel llinyn arian syth ar draws yr
ynys. Y Bos ei hun oedd yn gyrru a
Mirabelle wrth ei ochr ac roedd y ddau
fachgen yn y cefn yng ngafael ddur
Humphreys. Dechreuodd y Bos ymlac-

io—hanner awr eto ac fe fydden nhw yng Nghaergybi ac ar y llong cyn i neb weld eisiau'r ddau fachgen. Erbyn i hynny ddigwydd fe fydden nhw ar eu ffordd o Iwerddon i ryddid yn Ne America mewn awyren jet breifat oedd yn disgwyl amdanyn nhw yn Nulyn.

Lledodd gwên greulon ar draws ei wyneb. Fe fyddai pum teithiwr yn camu i mewn i'r awyren jet cyn iddi gychwyn ond roedd dyfroedd Cefnfor Iwerydd yn ymestyn am filoedd o fill-tiroedd. Efallai y byddai'n rhaid taflu pwysau allan er mwyn gwneud yn siŵr fod digon o danwydd gan yr awyren i gyrraedd pen y daith yn ddiogel. Byddai cael gwared o ddau fachgen stranclyd yn lleihau'r llwyth —ac roedd Cefnfor Iwerydd yn ddwfn dros ben ac mor gyfleus.

Twr Marcwis, Llanfair-pwll, Gaerwen, y Fali—fflachiodd y lleoedd heibio wrth i'r car frysio tuag at Gaergybi. Yna o'r diwedd daeth goleuadau'r porthladd i'r golwg ac

64

arafodd y car. Trodd y Bos ei ben ychydig i'r chwith.

'Ydi'r ddau'n bihafio?'

'Ydyn, Bos. Maen nhw wedi'u clymu fel dau ffowlyn!' atebodd llais cryg Humphreys.

Daeth gwên dros wyneb Mirabelle. Hi oedd wedi clymu arddyrnau'r ddau fachgen er mwyn eu cadw rhag strancio a gwingo. Hi hefyd oedd wedi taro gwlân cotwm i gegau'r ddau a'u selio â thâp gludiog. Heb wneud hynny fe fyddai'r bechgyn wedi dechrau gweiddi am help a gwneud eu gorau i ddianc. Ond nawr dim ond ebychu'n aneglur a rhythu â'u llygaid yn llawn dicter a wnâi'r ddau.

Nodiodd y Bos yn foddhaus. Roedd wedi archwilio'u pocedi rhag ofn fod Dewi'n cario'i radio boced. Doedd y ddau ddim yn berygl iddo bellach. Yna breciodd yn sydyn.

'Drato!'

'Beth sy'n bod, Bertie?' gofynnodd Mirabelle wrth ei ochr.

'Edrych—mae'r lle wedi cau!'

'Wedi cau?'

'Ydi! Pam hynny?'

Fe gafodd Bertram Smith ei ateb ymhen munud wrth weld swyddog o'r porthladd yn agosáu. Ar unwaith agorodd ddrws y car a mynd i'w gwrdd rhag iddo gael cip ar y bechgyn. Yna daeth yn ôl i'r car â golwg anfodlon ar ei wyneb.

Edrychodd Mirabelle yn ofidus arno.

'Wel?'

'Mae'r cwmnïe llonge ar streic am ddeuddydd!'

'Beth wnawn ni nawr 'te?'

Nid atebodd y Bos am funud ond gallai Mirabelle weld ei fysedd yn tapio ar yr olwyn, gan ddangos tyndra yn ei feddwl. Yna fe ailgychwynnodd injian y car.

'I ble'r ŷn ni'n mynd, Bertie?'

Gwenodd y Bos wrth i'r car ddechrau codi cyflymdra.

'Nid llong yw'r unig ffordd i groesi'r môr!'

Syllodd Mirabelle yn edmygus arno;

66

roedd Bertie mor glyfar! Ond ychydig iawn o siarad arall fu rhwng y ddau wrth i'r car mawr ruo'n ôl ar draws Ynys Môn eto. Ac wrth fynd roedd Bertram Oliver Smith yn meddwl yn galed beth i'w wneud nesaf.

Y cynllun gwreiddiol oedd cipio'r ddau fachgen o'r Barri a gyrru i Gaergybi a chroesi i Ddulyn; nawr rhaid newid y cynllun—ond roedd Abergwaun yn bell i'r de—yn rhy bell ac fe allai fod streic yn y porthladd hwnnw hefyd. Roedd hi erbyn hyn yn ganol nos; yn y bore fe fyddai rhywun yn sylweddoli fod y bechgyn wedi diflannu ac fe fyddai'r helfa ryfeddaf ar waith. Serch hynny, fe wyddai am un neu ddwy ffordd arall o ddianc o Brydain—ffyrdd na fyddai'r heddlu'n debygol o feddwl amdanyn nhw. Fe roddai gynnig ar y naill ohonyn nhw cyn gynted ag y byddai'n olau. Syllodd yn y drych ar y ddau grwt—a chilwenodd yn sarrug. Roedd ganddo ddryll yn ei boced a dau wystl. Dewi ac Owen

oedd y tocyn i'w galluogi nhw i ddianc
o Brydain yn ddiogel!

PENNOD 12

Os ydych yn gyfarwydd â thref Caer-
narfon fe fyddwch yn gwybod sut i
fynd i Gaeathro heibio i'r olion Rhuf-
einig. Ar y dde ar gyrion y dref mae
stad fodern yr Hendre. Un o'r stryd-
oedd yn y stad yw Tyddyn Llwydyn ac
yn rhif 405 yr oedd Mirabelle yn byw.

Tŷ un talcen ar osod oedd hwn ac
roedd Mirabelle wedi bod yno ers deu-
fis yn paratoi ar gyfer dihangfa
Bertram Oliver Smith o'r carchar—tŷ
oedd yn ddigon pell o Abertawe ond
eto'n gyfleus ar gyfer y trên o Fangor i
Lerpwl neu Fanceinion, y llong o
Gaergybi i Iwerddon, y ffordd fawr i
Gaer a nifer o heolydd cefn i'r De a'r
Gorllewin. Roedd yn arbennig o gyf-
leus y noson honno ar gyfer disgwyl i'r
wawr dorri. Un fantais arbennig oedd

bod modd gyrru'r car i mewn i'r garej a cherdded ohono i'r tŷ heb i neb weld pwy oedd yn mynd i mewn ac allan o'r car. Dyna pam na thrafferthodd Smith, Mirabelle na Humphreys i ddatod clymau'r ddau fachgen na thynnu'r mygydau oddi am eu cegau wrth eu gwthio'n arw i'r tŷ. Dwy funud yn ddiweddarach roedd y ddau'n hanner gorwedd ar lawr y stafell wely gefn yn y tywyllwch.

Prin yr oedd sŵn cerddediad trwm Humphreys wedi diflannu nad oedd y ddau fachgen yn gwingo ac yn gwneud synau aneglur ar ei gilydd, wrth rolio drosodd at y wal.

A'i ysgwyddau yn erbyn y wal dechreuodd Owen wthio â'i draed ac yn ara' deg llwyddodd i godi ar ei sefyll. Yna trodd nes bod ei gefn tuag at Dewi. Yr un pryd llwyddodd Dewi i droi drosodd a chodi ar ei liniau. Yr eiliad nesaf roedd dwylo Owen yn ymbalfalu am geg Dewi, yn chwilio am y tâp.

'Ych!' Poerodd Dewi'r gwlân cotwm o'i geg yn ddiolchgar. Yna sibrydodd, 'Dy dro di nesa!'

Ni fu'n hir cyn tynnu'r tâp oddi am geg Owen. Yna anadlodd y ddau'n ddiolchgar am ychydig eiliadau. Safodd y ddau gefngefn â'i gilydd a dechrau plycio ar y cortynnau.

'Arswyd—maen nhw'n dynn, on'd ŷn nhw!' ebychodd Owen.

'Ydyn—gwell inni drio un ar y tro, gwlei!'

'O'r gore—gad i fi drio gynta 'te.'

Ond roedd y clymau'n rhy dynn i fysedd meddal ac nid cyn i Owen fynd ar ei liniau a defnyddio'i ddannedd y llwyddodd i lacio'r cortynnau.

'Diolch byth!' ebychodd Dewi wrth i'r cortynnau ddisgyn oddi ar ei ar-ddyrnau. 'Dere i fi gael dy ddatod dithe.'

Er bod y cwlwm yn dynn roedd yn haws i Dewi weithio nawr gan fod ei ddwylo'n rhydd ac ni fu rhaid iddo gnoi'r cortyn i'w ddatod.

'Wel—beth nesa?' meddai Owen,

gan rwbio'i arddyrnau tyner. 'Mas drwy'r ffenest?'

Cyn ateb, cerddodd Dewi ar flaen-au'i draed at ddrws y stafell a chlust-feinio.

'Sdim sôn am neb. Wyt ti'n meddwl 'u bod nhw wedi mynd i gysgu?'

Ysgydwodd Owen ei ben.

'Mi fentra i'u bod nhw lawr llawr yn paratoi rhyw gynllun—beth i'w wneud â ni'n dou, er enghraifft!'

'Wel, beth bynnag yw e, dwy i ddim yn bwriadu aros yma i gael gwybod! Os gallwn ni agor y ffenest, dyw hi ddim yn rhy bell inni neidio lawr i'r ardd a dianc!'

Agorodd y ffenest yn dawel a daeth awel gynnes i wyneb Owen. Roedd hi'n noson gymylog a dileuad—y noson berffaith ar gyfer dianc a diflannu i'r tywyllwch . . .

'Mae piben ddŵr 'ma!' sibrydodd Owen wrth ddringo ar sil y ffenest.

'Jyst y peth! Wyt ti'n gallu'i chyrraedd hi?'

Estynnodd Owen ei fraich.

'Y—ydw—jyst! A! 'Na hi!'

'Reit! Cer lawr 'te—a thria gadw'n dawel!'

Doedd dim angen i Dewi ofidio. Symudodd ei gyfaill mor dawel â chath ac ymhen munud roedd wedi diflannu o'r golwg. Ni wastraffodd Dewi ddim amser wedyn. Gallai Humphreys neu rywun ddod i'r stafell unrhyw funud i fwrw golwg drostyn nhw. Dringodd dros sil y ffenest ac estyn ei law er mwyn gafael yn y biben ddŵr. Roedd hi'n bell oddi wrtho a bu rhaid iddo bwyso ymlaen er mwyn ei chyrraedd. Rhaid fod braich Owen yn hirach na'i fraich ef, meddyliodd, wrth i flaenau'i fysedd gyffwrdd â'r metel oer. Byddai'n rhaid iddo bwyso ymlaen dipyn eto—a gollwng ei afael ar y sil ar yr un pryd.

Ond wrth i'r naill law ollwng ei gafael ar sil y ffenest methodd y llall afael yn iawn yn y biben a'r eiliad nesaf fe'i teimlodd ei hun yn cwympo a'i ddwylo'n crafangu'n wyllt yn ei ymdrech i'w arbed ei hun. Ond yn ofer.

Y foment nesaf glaniodd Dewi'n union ar ben Owen gan ei fwrw'n bendramwnwgl dros fwced a bin sbwriel nes bod y rheiny'n clindarddach dros y lle. A'r eiliad nesaf daeth sŵn traed yn rhedeg—a llais Humphreys yn gweiddi, 'Mawredd! Bos! Maen nhw'n trio dianc!'

Ac er i Owen a Dewi stryffaglio a cheisio gweiddi 'Help! Unrhyw un! Help!' fe gawson nhw eu llusgo'n anhrugarog 'nôl i'r tŷ a'u bwrw i'r llawr wrth draed y Bos a Mirabelle.

'Y tacle! Ga i bennu nhw nawr, Bos? Tro yn 'u gyddfe nhw!'

'Ddim eto, Humphreys. Maen nhw'n fwy gwerthfawr inni'n fyw—ar hyn o bryd!'

Gorweddodd Owen yno, wedi colli'i wynt yn llwyr erbyn hyn, gan edrych yn ddig ar y Bos.

'Allwch chi ddim ennill! Mae'r polîs yn siŵr o'ch dal chi cyn hir—'

Gafaelodd y Bos yng ngwallt Owen a'i dynnu'n arw.

'Mae gen ti ormod i ddweud drosot dy hun, y mwnci bach!'

'Wy'n ffaelu deall y peth, Bertie—mi glymes i nhw fy hunan!'

'Paid â beio dy hunan, Mirabelle,—mae'r ddau hyn yn gyfrwys dros ben. Wel, tybed a fyddan nhw yr un mor gyfrwys ar ôl cael pob o bigad o Largactil?'

Gloywodd llygaid Mirabelle.

'Wrth gwrs,—Largactil—ti'n meddwl am bopeth, Bertie!'

'Na! Gollyngwch ni'n rhydd! Ow!'

'Sa'n llonydd, y ceiliog bantam!' sgyrnygodd Humphreys ar Dewi, wrth i Mirabelle agor ei bag ysgwydd a thynnu chwistrell ohono. Er i Dewi strancio gymaint a allai, roedd gafael Humphreys fel gefel ddur amdano.

Ymhen ychydig eiliadau roedd y ddau grwt yn gorwedd fel dau gorff ar y llawr.

Plygodd Mirabelle drostyn nhw a chodi cloriau'u llygaid.

'Dwyt ti ddim wedi'u lladd nhw, gobeithio.'

'Dim peryg! Ond mi ddylen nhw gysgu am naw neu ddeg awr!' a gwenodd Mirabelle yn hyderus.

'O'r gore. Wel, gwell inni gael ychydig orie o gwsg—allwn ni wneud dim byd cyn y bore.'

Ymhen chwarter awr roedd y tŷ mewn tywyllwch dudew.

PENNOD 13

Roedd yn ddiwrnod heulog arall—diwrnod hyfryd ar gyfer mynd ar y trên i Flaenau Ffestiniog, meddyliodd Delyth wrth frysio i lawr i gael ei brecwast. Edrychodd ar y cloc wrth fynd i'r gegin a chafodd fraw—chwarter i naw! Roedd hi wedi cysgu'n hwyr. Fe fyddai'r bechgyn yno unrhyw funud!

Ond doedd dim sôn am Dewi ac Owen am naw o'r gloch a daeth cysgod o anfodlonrwydd dros ei hwyneb. Os cysgodd hi'n hwyr fe gysgson nhw'n hwyrach—ac roedd hi wedi llowcio'i brecwast yn ddiangen! Digon tebyg iddyn nhw fod yn effro tan yr oriau mân yn sgwrsio yn eu pabell fach.

'Hwyrach dyliwn i fynd i'w deffro nhw,' meddai wrth ei mam oedd yn yfed paned am y bwrdd â hi.

Ysgydwodd honno'i phen.

'Mae'n ddigon cynnar, wsti. Rho ddeng munud arall iddyn nhw. Maen nhw'n siŵr o gyrraedd toc.'

Ochneidiodd Delyth yn ddiamynedd —ond fel hyn oedd hogiau, meddyliodd, gorwedd tan hydoedd yn y bore a chodi'n hwyr!

Roedd hi wedi gwisgo'i chagŵl yn barod ar ben ei blows a'i jîns ac yn amlwg yn ysu am fynd wrth edrych ar y drws, fel petai'n ewyllysio i'r ddau frysio.

Erbyn chwarter wedi naw roedd Delyth ar bigau'r drain.

'Dw i'n siŵr 'u bod nhw 'di gorgysgu, Mam! Gwell imi fynd i weld, ie?'

'Wel iawn—a deuda wrthyn nhw y cân nhw damaid o frecwast gin i—ond iddyn nhw frysio!'

Roedd Delyth 'nôl yn y ffermdy â'i

gwynt yn ei dwrn o fewn llai na phum munud.

'Mam! Dydan nhw ddim yno!'

'Beth? Wyt ti'n siŵr?'

'Ydw! Mae'r babell yn wag ac wedi'i chau! Maen nhw wedi mynd hebddon ni!'

Edrychodd ei mam yn syn ar Delyth, yna ysgydwodd ei phen.

'Go brin, hogan. I be' fydden nhw'n gwneud hynny? Heblaw hynny mae mam Elen wedi addo rhoi pas i chi'ch pedwar hefo'ch gilydd, on'd ydi?'

Cnodd Delyth ei gwefus isa yn ei phenbleth, yna fe ddaeth syniad i'w meddwl.

'Hwyrach 'u bod nhw wedi cam-ddallt ac wedi mynd i gwrdd â ni wrth dŷ Elen—' yna syrthiodd ei hwyneb eto, '—ond mi fasen nhw 'di galw amdana i gynta mae'n siŵr.'

'Wsti be 'dw i'n meddwl sy 'di digwydd? Mi ddaeth y bobl deledu yna'n gynnar y bora 'ma ac maen nhw wedi mynd i ffilmio i rywle.'

'Wel mae'n beth od iawn na fydden
nhw 'di galw i ddeud. Anghwrtais dw
i'n galw peth fel'na. Mi fydd Elen o'i
cho'n lân pan ddeuda i wrthi! Hogia!
Yr holl sylw 'ma wedi mynd i'w
penna!'

A chroten go anfodlon a frysiodd o'r
tŷ i fynd i alw ar ei ffrind y bore
hwnnw.

Roedd golwg bur siomedig ar wyneb
Elen hefyd pan glywodd yr hanes.
Roedd hi fel Delyth wedi edrych
ymlaen at gael gwibdaith ar y trên, yn
enwedig ar ddiwrnod mor braf.

Edrychodd mam Elen yn syn ar y
ddau wyneb hir.

'Be' sy arnoch chi, deudwch? Be 'di'r
ots am y ddau hogyn? Taswn i'n eich
lle chi mi awn i hebddyn nhw a naw
wfft iddyn nhw!'

Goleuodd wyneb Delyth.

'Wel, ia—pam lai? Mi fedrwn ni
fwynhau'n hunain hebddyn nhw!'

Ac felly y trefnwyd.

Roedd Delyth yn fwy bodlon erbyn
hyn—ac yn benderfynol o un peth—

nad oedd Dewi ac Owen yn mynd i ddifetha'u diwrnod ar y trên bach.

*　　　*　　　*

Yr un pryd ag yr oedd Delyth ac Elen yn paratoi i gychwyn, roedd mam Owen yn ffonio'r BBC yng Nghaerdydd. Nid oedd noson o gwsg wedi gwella'i thymer. I feddwl ei bod wedi sôn wrth ei holl ffrindiau am y darllediad. Dyna ffŵl roedd hi'n teimlo! Roedd y lein yn brysur a bu rhaid iddi ddisgwyl am ddwy funud cyn cael mynd trwodd i'r Adran Newyddion.

'Hylô? Adran Newyddion? . . . Rwy'n ffonio ynglŷn â'r eitem am y dyn Smith ddihangodd o garchar Abertawe . . . Reit—mae da fi gŵyn i wneud ynglŷn â'r cynhyrchydd addawodd ffilmio Owen, fy mab a'i ffrind, Dewi— . . . Beth? . . . O—Jane Davies yw'n enw i—ac rwy'n fam i Owen Davies, o'r Barri, un o'r ddau grwt gas 'u herwgipio gan y dyn Smith 'na ddihangodd o garchar Abertawe echdo'! . . . Y pwynt yw fod eich cynhyrchydd wedi addo y bydde cyfweliad

79

â nhw ar y newyddion neithiwr ond wy'n deall nawr nad oes neb wedi bod yn agos! . . . Ym—beth oedd e nawr?—Rhywbeth Lewis-Jones—Gareth—Gareth Lewis-Jones. Wrth gwrs, nid gydag e bues i'n siarad ond gyda rhyw fenyw â gwallt gole. Beth fydde hi, tua phymtheg ar hugen o'd . . . Beth wetsoch—ond dyna'r enw roes hi i fi—Gareth Lewis-Jones—ac fe wedodd y bydde'r uned allanol yn mynd i weld y bechgyn prynhawn ddoe yn Nhalsarne! . . . Chi'n hollol siŵr? . . . Wel—diolch. Rhywun yn chware tric arna i, siŵr o fod . . . Flin 'da fi'ch poeni chi. Bore da.'

Os oedd Jane Davies yn grac cyn hynny roedd hi'n tampan nawr pan ddaeth hi'n ôl i'r gegin a dweud wrth ei gŵr nad oedd neb o'r enw Gareth Lewis-Jones ar staff y B.B.C.

'Ffaelu deall ydw i pwy fydde'n chware tric o'r fath!'

Ond sefyll yn syfrdan wnaeth John Davies.

'Roedd rhyw fenyw wedi'i gwisgo fel

nyrs wedi helpu'r Smith 'na i ddianc
o'r ysbyty, on'd oedd?'

Agorodd llygaid Jane Davies mewn
braw.

'Yr un un ddaeth yma, ti'n meddwl?
A mi wedes i wrthi ble i gael gafael
arnyn nhw! John! Mae Owen a Dewi
mewn perygl!'

*   *   *

Doedd mam Delyth ddim yn deall y
peth pan ffoniodd John Davies i holi
am y bechgyn.

'Ond, Mr Davies bach—ontydi'r
ddau hogyn wedi mynd allan yn fora
heb ddeud wrth neb? A does dim sôn
amdanyn nhw. Meddwl oeddan ni fod
y criw teledu wedi mynd â nhw i rwla i
ffilmio—'

'Mrs Roberts! Maddeuwch imi am
dorri ar eich traws—ond rwy'n ofni
nad oes gen i amser i siarad ar hyn o
bryd. Mi ffona i chi eto, iawn? Da bo
chi!'

Roedd John Davies yn deialu eto cyn
i Mrs Roberts roi'r teclyn yn ei grud yn

81

ei syndod—rhif yr heddlu y tro hwn—
ac roedd ei wyneb yn llwyd gan ofid.

PENNOD 14

Roedd hi'n dal cyn deg o'r gloch yn y
bore pan ffoniodd y Prif Arolygydd
Glyn Price bencadlys Heddlu'r
Gogledd yng Nghaernarfon ar ôl cael
galwad ffôn gan ei gyfaill.

'Olwen Roberts yn siarad . . .'

Gwraig tua deugain oed oedd yr
Arolygydd Olwen Roberts, a chanddi
wallt melyn byr a llygaid llwyd treidd-
gar bob ochr i drwyn hirfain. O edrych
i fyw ei llygaid gallech dyngu ei bod
hi'n gallu gweld i mewn i'ch meddwl a
darllen eich holl gyfrinachau. Roedd
ganddi enw da am ddal ati hyd y
diwedd pan fyddai aml i arolygydd
arall wedi rhoi'r gorau iddi. Ar ben
hynny roedd hi'n drefnus a chraff ac
nid oedd yn rhyfeddod i'w ffrindiau—
nac i'w gŵr, Ifan,—ei bod wedi cael
dyrchafiad yn gynnar yn ei gyrfa.

Ni fu Glyn Price yn hir yn tros-glwyddo'r wybodaeth—am y car glas-lwyd a'r ferch a fu'n helpu Smith a Humphreys i ddianc a'i bod yn bosibl fod y giang eisoes wedi herwgipio Dewi ac Owen. Daeth golwg bender-fynol dros wyneb Olwen Roberts. A hithau'n fam i dri o blant roedd ganddi ddiddordeb arbennig mewn achosion oedd yn ymwneud â phlant a phobl ifainc. Gwrandawodd yn astud tra bu tad Dewi'n rhoi'r ffeithiau iddi.

'O'r gorau—gadewch bopeth i mi, Inspector Price—ac mi gysylltwn â chi'r munud y bydd gynnon ni unrhyw newydd.'

*   *   *

Roedd golwg flinedig ar ei wyneb pan ffoniodd tad Dewi adre at ei wraig.

'Luned? Fi sy 'ma—'

'Glyn? Beth yw'r sefyllfa?'

'Mae Heddlu'r Gogledd yn rhoi pethe ar waith y funud 'ma—ma 'na gar ar ei ffordd i Dalsarnau i weld beth yw'r sefyllfa yno—rhag ofn fod y ddau gynllwyn bach wedi mynd am dro neu

83

rywbeth—ac fe fydd rhwystre ar draws pob hewl o fewn hanner can milltir ymhen chwarter awr!'

'Ydi Jane a John yn gwbod?'

'Ddim eto—rown i'n mynd i'w ffono nhw nawr.'

'Fe wna i hynny, os leici di, i arbed amser iti.'

'Mae digon o amser 'da fi nawr, Luned.'

'Be 'ti'n feddwl?'

'Digon o amser i aros a disgwyl am newyddion. A dweud y gwir, rwy'n dod adre ar unwaith, er mwyn inni gael bod gyda'n gilydd. Alla i wneud dim byd fan hyn—dim ond aros i Heddlu'r Gogledd 'u ffeindio nhw!'

*   *   *

Yn ystod y chwarter awr nesaf roedd ceir yr heddlu i'w gweld yn prysuro ar hyd prif heolydd Gwynedd ac yn gosod rhwystrau er mwyn archwilio pob car a âi heibio. Tyfodd y rhesi diamynedd o funud i funud wrth bontydd Ynys Môn a chob Porthmadog a phont a thwnnel Conwy a thwnnel Penmaen-

84

mawr a bwlch Pen-y-pas a Phont Briwet a'r cyffyrdd i Ffestiniog a Dolgellau a Machynlleth.

Nid bod hynny'n poeni llawer ar Smith y funud honno wrth iddo yntau a Humphreys gario'r ddau fachgen cysglyd allan o'r garej a'u bwrw'n ddiseremoni i gefn y car glaslwyd; doedd ganddo ddim un bwriad i fentro'i siawns ar y ffordd fawr, gan wybod y byddai lluoedd cyfraith a threfn erbyn hyn yn sgwrio'r wlad amdano a'r ddau fachgen.

'Pawb yn barod?'

Edrychodd ar y ddau fachgen oedd yn dal i hepian yn dawel yn sedd gefn y car ac ar Humphreys mewn dillad *chauffeur* a Mirabelle mewn gwisg nyrs.

'Ydyn, Bertie.'

'Ydyn, Bos.'

Gwenodd Smith yn foddhaus, agorodd ddrws y garej a mynd i'r car.

'O'r gore—bant â ni!'

Llwybreiddiodd y car glaslwyd yn ara' deg allan i'r ffordd ac i lawr y stryd. Ar waelod Tyddyn Llwydyn gorchmynnodd Smith i Humphreys droi i'r chwith heibio i'r cae rygbi. Tro sydyn i'r chwith eto ymhen ychydig a dyna ddisgyn i lawr i'r ffordd fawr. Cnodd Smith ei wefus—petai magl ar ei gyfer, yn y ddau gan metr nesaf y byddai hynny. Ond roedd y ffordd o Gaernarfon i Bwllheli'n glir i bob golwg.

Suodd yr injan nerthol wrth i'r car droi i'r chwith, cyflymu ychydig ac arafu eto wrth ddod at y tro yn y ffordd oedd yn disgyn ac yn codi eto'n sydyn. Yna gorchmynnodd droi i'r dde a llithrodd y car yn dawel 'nôl ar hyd y ffordd ar hyd glan yr afon ac yna lan y môr—ffordd dawel a chul a redai am yr afon â Chastell Caernarfon, heibio i faes carafanau a maes golff a diflannu'n raddol i'r gorllewin.

Wrth i'r car droi i'r dde eto i ffordd Pwllheli edrychodd Smith ar ei watsh. Roedd hi'n tynnu at hanner awr wedi deg o'r gloch—yn hwyrach nag a feddyliai ac yn hen bryd gweithredu'r cam nesaf yn ei gynllun.

'Y tro nesaf i'r dde!'

'Reit, Bos!'

Syllodd ar y ddau fachgen llonydd wrth ei ochr yn y cefn ac ymlaciodd. Roedd ei 'yswiriant' yn dal i gysgu'n braf—diolch i fedrusrwydd Mirabelle â'r chwistrell.

Ond roedd golwg anniddig ar wyneb Mirabelle.

'Bertie—pam yn y byd ydyn ni'n mynd i Ddinas Dinlle? Sdim byd ond traeth yno.'

'Ond beth sydd ym mhen draw Dinas Dinlle?'

'Traeth a thywod?'

'A beth arall?'

Cyn iddi gael cyfle i grafu'i phen daeth cysgod sydyn dros y ffordd o'u blaen a rhu ysgafn wrth i awyren Cessna hedfan drostyn nhw. Gwenodd Smith wrth weld syniad yn gwawrio ym meddwl Mirabelle.

'Maes awyrenne!'

Ond ni chafodd Mirabelle gyfle i ddweud ei theimladau ar y mater gan i Smith weiddi'n sydyn.

'Stopia'r car—ar unwaith!'

Roedd symudiadau greddfol Humphreys yn gyflym ac fe ddamsielodd ar y brêc mor sydyn nes i Mirabelle roi sgrech fach o ofn.

'Bertie! Beth sy'n bod?'

'Drato shwd beth! Edrych!'

Craffodd Mirabelle a Humphreys ymlaen—a gweld goleuadau car yr heddlu'n fflachio wrth fynedfa'r maes awyrennau.

'Y polîs!'

Sgyrnygodd Smith.

'Ie—y polîs!'

Roedd yr heddlu wedi gweld yn bellach na'u trwynau am unwaith, meddyliodd. Roedd y ffordd honno o ddianc wedi'i chau. Crensiodd ei ddannedd—ond roedd 'na un ffordd arall i ddianc—un cyfle olaf!

'Tro'r car, glou!'

Ufuddhaodd Humphreys ond roedd ei frys i droi'n denu sylw ac wrth i'r car

ailgychwyn 'nôl ar hyd y lôn â'i olwyn-
ion yn sgrialu, dechreuodd car yr
heddlu symud—a'r eiliad nesaf roedd
corn rhybudd yr heddlu'n seinio'n
uchel.

'Bertie! Maen nhw wedi'n gweld ni!'

'Wy'n gwbod 'ny, fenyw! Gyrra,
Humphreys! Gyrra fel na wnest ti
erioed o'r blaen!'

PENNOD 15

Rhuodd y car pwerus ar hyd y ffordd
gul drwy Ddinas Dinlle gan beri i
ymwelwyr haf neidio o'r ffordd a chodi
dyrnau, a neidio eto wrth i gar yr
heddlu fflachio heibio a'i gorn yn
ubain.

Roedd golwg ddifrifol ar wyneb
Smith erbyn hyn. Mi wyddai y byddai
pob car heddlu o Gaernarfon i Bwll-
heli yn anelu i'w cyfeiriad gan
amcanu cau'r rhwyd amdanyn nhw.

Cyrhaeddodd y car y briffordd ac arafu digon i roi cyfle i Smith weiddi 'i'r chwith'. Saethodd y car i gyfeiriad Caernarfon eto—a llamu i'r dde'n sydyn a'r teiars yn sgrechian i'r lôn i gyfeiriad y Groeslon. Yna bwriodd ar draws y ffordd fawr i Borthmadog gan beri i fws a charafán frecio'n wyllt. Caeodd Mirabelle ei llygaid mewn ofn wrth i'r Bos weiddi, 'Da iawn, Humphreys! Mi wnaiff hynny'u drysu nhw'r tacle!'

Ond dal i ddilyn yr oedd car yr heddlu wrth i'r Volvo ddringo'r ffordd fynyddig i Garmel. Taflodd Smith gipolwg dros ei ysgwydd—roedden nhw'n graddol dynnu i ffwrdd oddi wrth yr heddlu. Galwodd orchmynion eto gan beri i Humphreys droelli'r olwyn a gwneud i'r car droi i'r dde ac i'r chwith ac yna i'r dde nes eu bod yn gwibio'n ôl i gyfeiriad y môr unwaith eto. Yna wrth droi congl go sydyn gwelodd Smith dro eto ar y chwith—'Ffor'na!' gorchmynnodd ac unwaith eto cafodd y teithwyr eu hysgwyd wrth i'r car sgrialu'n orffwyll o gwmpas y tro—eiliadau'n unig cyn i gar yr heddlu ruthro heibio i lawr i Ben-y-groes. Erbyn i'r heddwas sylweddoli ei fod wedi colli'r giang roedd y Volvo glas-lwyd ymhell y tu draw i Nantlle ar y ffordd i Ryd-ddu.

Anadlodd Smith yn fwy rhydd ar ôl cyrraedd Rhyd-ddu a throi i'r dde. Ond iddyn nhw fynd trwy Feddgelert heb gael eu gweld fe fyddai'n glir iddo gymryd y ffordd olaf o ddianc lle na allai'r un car heddlu ei ddilyn . . .

*   *   *

Cyrhaeddodd trên Ffestiniog orsaf Minffordd yn brydlon am chwarter i ddeuddeg a dringodd Delyth ac Elen i gerbyd â choridor iddo.

'Wela i chi am hanner awr wedi chwech!' galwodd mam Elen wrth iddyn nhw ffarwelio â hi. 'Mwynhewch eich hun!'

'Mi wnawn ni! Hwyl, Mam!' galwodd Elen o ffenest y trên.

'Wst ti be'? Mi roeddwn i 'di hanner

91

meddwl y basen nhw yma'n ein disgwyl ni,' meddai Elen.

Roedd y ddwy wedi cadw llygad ar agor am y bechgyn rhag ofn iddyn nhw gyrraedd yn sydyn, ond doedd dim sôn amdanyn nhw.

'Twt! Mi gawn ni amser braf hebddyn nhw!' meddai Delyth.

Nodiodd Elen wrth i'r trên gychwyn. Roedd pob o far o hufen iâ Mars dipyn yn fwy diddorol na dau fachgen anghwrtais y foment honno!

* * *

Doedd dim sôn am yr heddlu ym Meddgelert, a throdd y car glaslwyd i ffordd Tremadog ac yna ymhen ychydig filltiroedd i'r chwith eto dros bont Aberglaslyn i ffordd Penrhyn-deudraeth i osgoi cob Porthmadog a'r fintai o blismyn a fyddai'n siŵr o fod yno. Yna gorchmynnodd Smith i Humphreys droi i'r chwith ar hyd y lôn gefn o Lanfrothen i'r Rhyd—ac wrth i'r car ddringo drwy'r coed roedd sŵn corn un o geir yr heddlu'n ymbellhau oddi wrthyn nhw ar hyd y ffordd yr oedden nhw newydd ei gadael.

'Ble'r ŷn ni'n mynd, Bertie?'

'Fyddwn ni ddim yn hir nawr. Ydi dy chwistrell gen ti'n barod, rhag ofn y bydd rhaid rhoi rhagor o Largactil iddyn nhw?' chwanegodd Smith wrth syllu ar y ddau fachgen llonydd. Doedd dim arwydd eu bod ar fin deffro ond rhaid bod yn barod ar gyfer hynny, rhag ofn.

'Ydi wrth gwrs—ac yn llawn hefyd.' A thapiodd Mirabelle y cês bach du ar ei glin.

Roedd y ffordd yn gul ac yn igam-ogamu rhwng y bryniau â'u meini enfawr yn y caeau.

'Nawr 'te, cymer y tro nesaf i'r chwith ymhen rhyw hanner milltir, Humphreys, a bydd yn barod i stopio. Os cwrddwn ni â rhywun gadewch y siarad i fi—iawn?'

'Iawn, Bos!'

Wrth i'r car arafu i gymryd y troad i'r chwith roedd golwg ddifrifol ar wyneb Smith. Nawr yr oedd y rhan

fwyaf anodd o'r daith yn dechrau—
pan fyddai'n rhaid iddyn nhw ddod i
gyswllt â phobl eraill. Petai'r bechgyn
yn deffro fe allen nhw ddechrau
strancio a gweiddi—ac eto sut gallai
Smith weithredu'r cam nesaf gyda
dau fachgen yn cysgu'n dynn?

Arafodd y car a sefyll a doedd neb yn
fwy syn na Mirabelle pan welodd eu
bod mewn gorsaf reilffordd—gorsaf
Tan-y-bwlch.

'O'r gore. Humphreys. Cer i nôl
paned o ddŵr oer, a brysia.'

'Iawn, Bos.'

'A Mirabelle—helpa fi i ddeffro'r
ddau grwt.'

'Ond gynne roet ti'n gofyn a oedd
chwistrell 'da fi ar 'u cyfer nhw—'

'Paid â dadle, fenyw! Mae rhaid
iddyn nhw ddihuno er mwyn gallu
cerdded i'r trên—ti'n deall?'

Edrychodd ar ei watsh—pum munud
i hanner dydd. Roedd ganddyn nhw
ddeng munud i ddisgwyl nes i'r trên
gyrraedd—digon o amser i ddeffro'r

bechgyn a chodi ofn ar y ddau. Agor-
odd Smith y drysau, gafael yn Owen
a'i dynnu o'r car.

'Dal e, wnei di?'

Cydiodd Mirabelle yn Owen a'i roi i
bwyso ar draws y fonet tra bu Smith
yn llusgo Dewi o gefn y car yn ei dro.
Yr eiliad nesaf brysiodd Humphreys
'nôl â'r dŵr. Gafaelodd Smith yn y
cwpan a thasgu defnynnau i wynebau
Dewi ac Owen nes i'r ddau ddechrau
gwingo a pheswch.

'Reit! Croeso'n ôl i'r byd hwn!'

'Hm? Ble'r ŷn ni?'—llais Dewi.

'Aw! Paid!'—llais Owen.

'Nawr 'te! Gwrandewch yn ofalus
chi'ch dou! Chi'n gweld hon?' Syllodd
y bechgyn yn anghrediniol ar y dryll
yn llaw Smith.

'Chi'n 'y nabod i'n ddigon da i wbod
y defnyddiwn i e petai rhaid, on'd ych
chi?'

Gwthiodd faril y dryll i ochr Dewi.

'Ond ych chi?'

'Ym—ydyn!'

95

'Reit—felly dim un gair pan awn mewn i'r trên neu fydd hi ddim yn dda arnoch chi, chi'n clywed?'

Nodiodd y ddau fachgen.

'A rhag ofn nad ych chi ddim yn deall, ga i'ch atgoffa chi y gwna i unrhyw beth i osgoi mynd yn ôl i'r carchar eto—unrhyw beth!'

A doedd dim modd camddeall ystyr ei eiriau bygythiol.

'Ydyn ni'n gadael y car yma ac yn mynd ar y trên, Bertie?'

'Wel alli di feddwl am unrhyw ffordd arall nad yw'r polîs yn debyg o feddwl amdani? Humphreys—rwy am i ti fynd â'r car a chwrdd â ni yn Birmingham wrth orsaf New Street am chwech o'r gloch heno. Iawn?'

'Iawn, bos!'

'O'r gore. Humphreys,—gwell iti 'i chychwyn hi—a thria gadw o ffordd y polîs!'

'Iawn, Bos!'

Wrth i drên Ffestiniog ymlwybro'i ffordd araf i mewn i'r orsaf roedd y car glaslwyd eisoes wedi diflannu o'r golwg. Digon tebyg y câi Humphreys ei ddal cyn bo hir iawn—ond fe allai ddibynnu ar y twpsyn i ddal ei dafod am dipyn—nes y bydden nhw wedi cyrraedd Blaenau Ffestiniog a newid i'r trên i Gyffordd Llandudno. Ac erbyn i'r heddlu baratoi pwyllgor croeso iddyn nhw yn Birmingham fe fydden nhw ar long o Lerpwl i Iwerddon. Petai Humphreys drwy ryw wyrth wedi llwyddo i gyrraedd Birmingham heb gael ei ddal fe fyddai'n siŵr o wneud ei drefniadau ei hun i 'ddiflannu' am dipyn. A phetai'n cael ei ddal pa ots? Roedd yn amlwg fod Humphreys bron â goroesi'i ddef-nyddioldeb erbyn hyn.

Roedd hynny'n fwy gwir nag a wyddai Smith wrth i'r trên agosáu a sefyll. Brin funud wedi i'r car adael gorsaf Tan-y-bwlch a throi i'r chwith i lawr y rhiw serth fe glywodd Humph-reys oernadau car heddlu y tu ôl iddo.

'O na!'

Roedd y goleuadau glas a choch yn fflachio'r tu ôl iddo wrth iddo sbarduno'r cyflymydd. Llamodd y car ymlaen a throi'r gornel ac yna un arall a'r cyflymdra'n cynyddu bob eiliad. Gwenodd Humphreys yn orffwyll— doedd dim un slob yn mynd i'w oddi-weddyd e! A phwysodd y cyflymydd i lawr at y llawr. Un gornel eto ac— 'a-a-a-a!' brefodd llais cryg y gyrrwr. Roedd y gornel yn ormod i bwysau'r car trwm, a'r heol yn wlyb gan fod dŵr yn llifo ar ei thraws—a'r eiliad nesaf sgrialodd y Volvo'n syth drwy glwyd bren ar y dde a llithro'n ddilywod-raeth ar draws porfa feddal—yn syth i mewn i Lyn y Garnedd! Ac erbyn i gar yr heddlu sefyll roedd y Volvo wedi suddo mewn pedair troedfedd o ddŵr— a Humphreys yn garcharor diflas y tu mewn iddo. Gwenodd yr heddwas ac estyn ei law at y radio yn y car. Roedd e wedi dal Smith a'i gyfeillion. Byddai hynny'n glod mawr iddo—a dyrchaf-iad, o bosibl.

'Hylô? P.C. Jenkins yn galw! Mi 'dw i wedi 'u dal nhw—y giang! . . . Ydw! Mewn car yng nghanol Llyn y Gar-

98

nedd ger Tan-y-bwlch! . . . Wrth gwrs
'mod i'n siŵr! . . . Rhowch wbod i
Inspector Roberts wnewch chi? . . .
Ia—dyna chi—P.C. Jenkins—a deud-
wch wrthi y bydd angan help arna i
i'w cael nhw allan o'r llyn—gora' po
gynta . . . !'

PENNOD 16

Wrth i'r heddwas alw am help ar lan
Llyn y Garnedd roedd Dewi ac Owen
yn camu i mewn i gerbyd ym mhen
pella'r trên a Smith a Mirabelle yn
dynn wrth eu sodlau. Os bu Dewi'n
ystyried dianc roedd baril y dryll yn ei
feingefn yn rhybudd digonol iddo
beidio ac roedd y chwistrell yn llaw
Mirabelle yn rhoi'r un neges ddigam-
syniol i Owen. Nhw'n unig oedd yn y
compartment henffasiwn, tywyll, â'i
seddi glas a gwaith pren brown ac felly
fe ymlaciodd Smith ddigon i ollwng ei
afael ar y dryll yn ei boced dde. Gwth-
iodd y ddau fachgen i lawr ar un o'r

seddi ac eistedd gogyfer â nhw, gan syllu ar y ddau.

'Steddwch fan'na a pheidiwch â chyffwrdd blewyn!' sgyrnygodd arnyn nhw wrth i Mirabelle eistedd wrth ei ochr. Gwenodd hithau.

'Ie, neu fe fydd rhaid i fi roi pigiad arall i chi!' meddai.

Eisteddodd Dewi ac Owen yn llonydd, gan deimlo'r trên yn cychwyn, heb wybod beth i'w wneud. Roedd y ddau'n teimlo'n gysglyd ar ôl y chwis-trelliad y noson gynt ond roedd yr effeithiau'n clirio bob munud. Syllodd Dewi ar y dyn canol oed o'i flaen, y dyn â'r aeliau trwchus. Oni bai am y dryll ym mhoced y 'Bos' fe allai Owen ac yntau gymryd eu siawns a neidio arno. Roedd e'n llai o faint na Humph-reys. Ond fe allai hi, Mirabelle, wneud niwed mawr â'r chwistrell. O ystyried popeth, y cynllun gorau fyddai aros a disgwyl eu cyfle i gadw twrw yng nghanol torf o bobl—yng ngorsaf Blaenau Ffestiniog o bosibl.

Dyna pryd y cofiodd Dewi am Delyth ac Elen. Rhaid fod y ddwy'n methu deall ble'r oedd Owen ac yntau—falle'u bod nhw'n wyllt ac yn ddig tuag atyn nhw am ddiflannu heb ddweud gair. Neu a fydden nhw'n synhwyro fod rhywbeth o'i le ar ôl clywed hanes yr herwgipiad a'r neges ffôn y noson gynt? Roedd ganddo ryw frith gof iddo glywed seiren car polîs ychydig 'nôl. Oedd y merched wedi cysylltu â'r heddlu ac a oedd y rheiny'n chwilio amdanyn nhw? Ai dyna pam yr oedd Smith yn defnyddio'r trên yma—yr unig ffordd i ddianc am fod yr heddlu wedi cau pob heol—ond heb gofio am y trên?

Syllodd Smith allan drwy'r ffenestri —pam yr oedd yn rhaid i'r trên fynd mor araf? Po fwya o amser a âi heibio mwya i gyd o berygl oedd i'r rhwyd gau amdanyn nhw. Roedd yn falch ei fod wedi anfon Humphreys ymlaen yn y car—fe dynnai hynny'r helgwn ar ei ôl! Gyda lwc fe allen nhw newid i'r trên arall yn ddidrafferth a fydde hi ddim yn hir wedyn cyn y bydden nhw yn Lerpwl.

Petai'r casglwr tocynnau'n cerdded heibio, roedd ganddo esboniad da am gyflwr y ddau—efeilliaid oedd wedi colli'u rhieni mewn damwain car ac yn dioddef o sgitsoffrenia. Dyna beth mae sioc yn gallu'i wneud i rai mor ifanc—a heb wybod y gwahaniaeth rhwng gwirionedd a ffantasi—yn wir, yn credu fod dynion yn eu herlid ac yn ceisio'u herwgipio a'u lladd, ha, ha, ha . . . Fe ddylai'r daith yn y trên wneud lles iddyn nhw gan fod y ddau'n arfer dwlu ar fynd mewn trên cyn y ddamwain i'w rheini. Y gobaith oedd y byddai'r daith yn help i ddileu effeithiau'r sioc. Roedd yn esboniad a allai fynd â nhw yr holl ffordd i Lerpwl . . .

*   *   *

Roedd goleuadau tri char heddlu'n wincio ar lan Llyn y Garnedd wrth i'r heddweision gerdded at y Volvo a llusgo'r drysau ar agor. Dyna pryd y syrthiodd wyneb yr Heddwas Jenkins

—wrth weld mai un yn unig oedd yn y car a dŵr y llyn hyd at ei ganol.

Trodd yr Arolygydd Olwen Roberts ato â dau smotyn bach pinc, dig ar ei bochau.

'A beth am Smith a'r lleill, Jenkins?'

Llyncodd Jenkins yn galed.

'Wn i ddim, Inspector, rown i'n meddwl 'u bod nhw i gyd yn y car.'

'A wnest ti ddim edrych? Y ffŵl gwirion! Maen nhw 'di cael chwarter awr a chwaneg i ddianc erbyn hyn! A'r cwestiwn ydi—pa ffordd?'

Roedd yr Heddwas Jenkins yn gweld ei ddyrchafiad yn ymbellhau bob eiliad. Pam na fyddai wedi edrych i weld fod Smith a'r hogiau yn y car cyn ffonio? Yna mi gafodd syniad.

'Inspector! Gorsaf Tan-y-bwlch! Synnwn i ddim nad ydan nhw ar y trên i'r Blaenau!'

'Hm,—mae hynny'n bosibl,' meddai'r Arolygydd. 'O'r gora'— hwyrach fod rhwbath yn dy ben di wedi'r cwbwl! Mi wnawn ni'n siŵr y cân nhw dderbyniad twymgalon ar ddiwedd y lein! O ia—tyrd ag o allan o'r car 'na, y cr'adur!' meddai wrth weld y diflastod ar wyneb crynedig Humphreys.

Trodd Olwen Roberts ar ei sodlau, brysio'n ôl at ei char a gafael yn y ffôn.

PENNOD 17

Yn y cerbyd nesaf ond un roedd dwy eneth syn dros ben yn rhythu ar ei gilydd.

'Welist ti nhw, Delyth? Mi dw i'n siŵr mai Owen a Dewi oeddan nhw efo'r doctor a'r nyrs!'

'Do, mi'u gwelis i nhw—ond pwy ydi'r ddau arall, tybad? Ydi'r ddau'n sâl 'ta be'?'

Syllodd y ddwy ar ei gilydd.

'Wyt ti'n meddwl be 'dw i'n feddwl?' meddai Delyth.

'Be'?'

'Wedi'u herwgipio maen nhw! Dyna pam na ddaru nhw ddod i alw amdanon ni'r bora 'ma! Rhaid bod y

105

tacle'n disgwyl amdanyn nhw pan aethon nhw'n ôl i'w pabell neithiwr!'

'Ond maen nhw hefo meddyg a nyrs—'

'Hy! Maen nhw 'di mynd yn sâl braidd yn sydyn, yntydan? Mi roeddan nhw'n iawn neithiwr. Dydw i ddim yn meddwl mai meddyg a nyrs ydi'r ddau sy hefo nhw o gwbwl!'

'Hei—Be' wnawn ni rŵan? Stopio'r trên?'

'A rhoi cyfla iddyn nhw ddianc?'

'O.'

Fe fu'r ddwy'n dawel am ychydig, yn meddwl yn galed. Yna gloywodd llygaid Elen wrth i syniad ei tharo.

'Wel? Be' ti'n feddwl?' meddai hi ar ôl egluro'r syniad i Delyth.

Nodiodd Delyth.

'Mi dw i'n meddwl y gweithith o— ond inni daro'n sydyn. Wedi'r cyfan, mi fyddwn yn bedwar yn erbyn dau.'

'Pryd gwnawn ni o 'ta?—Gora' po gynta?'

'Gora' po gynta!'

Sefyllian yn y coridor a wnaeth

Delyth ac Elen ar y cyntaf gan symud yn araf ac edrych allan drwy'r ffenestri i edmygu'r olygfa—y coed a'r bryniau ac atomfa Trawsfynydd yn y pellter—a mynd heibio i'r compartment heb edrych i mewn braidd o gwbwl. Yna dyna nhw'n troi i wynebu tuag yn ôl a syllu i lygaid syn Dewi ac Owen. A phan roes Delyth winc sydyn daeth cysgod gwên i wyneb Owen a droes yn olwg o bryder rhag ofn i'r ddwy fynd i berygl.

Ond cyn y gallai Owen na Dewi wneud dim fe gamodd Delyth at y drws a'i dynnu ar agor yn sydyn.

'Owen! Dewi! Fan hyn ydach chi?'

Cyffrodd y 'meddyg'.

'Esgusodwch   fi—ydych   chi'ch pedwar yn nabod eich gilydd?'

'Ydyn, wrth gwrs,' atebodd Elen, 'a deud y gwir, roeddan ni 'di trefnu cwrdd ar y trên 'ma'r bora 'ma—Mi 'dan ni 'di cadw sedda' iddyn nhw hefo ni! Dowch!'

'Ia—dowch wir—' chwanegodd Elen.

'Mae arna i ofn na fydd y bechgyn ddim yn gallu dod gyda chi wedi'r cwbwl a falle y bydde'n beth doeth i chi'ch dwy aros yma gyda ni hefyd,' meddai Smith, gan dynnu'r dryll o'i boced.

'Hy! A beth wnewch chi os dwedwn ni "na dim diolch", a mynd o'ma—ein saethu ni?' a throdd Delyth ar ei sawdl i fynd.

Gwylltiodd Smith a chodi ar ei draed a'i ddryll ar anel at gefn Delyth.

'Sefwch ble'r ych chi, chi'n clywed? Os nad ych chi'n moyn bwled yn eich cefen!'

Ond yr eiliad nesaf trawodd pen Owen ef yn ei ganol ac ar yr un pryd neidiodd Dewi a gafael yn y llaw oedd yn dal y dryll a'i throi. Daeth ergyd o'r dryll a chwalodd y drych ar y wal gyferbyn ond yna syrthiodd y dryll o afael Smith wrth i Dewi wasgu ar ei law.

Roedd Smith dipyn yn gryfach na'i olwg, fodd bynnag, a'r eiliad nesaf teimlodd Dewi'i anadl yn gadael ei gorff oherwydd ergyd i'w stumog a'i bwriodd i'r llawr.

Tra oedd hyn yn digwydd roedd Delyth ac Elen wedi neidio fel dwy gath ar Mirabelle ond roedd hithau'n gryf ac yn benderfynol o'u trechu—ac roedd ganddi'r chwistrell yn ei llaw. A nawr roedd hi'n gwneud ei gorau i wthio'r pwynt i mewn i fraich Delyth wrth i bwysau'r ddwy ddisgyn arni. A'r eiliad nesa rhoes y trên blwc sydyn a hyrddiodd y tair yn bendramwnwgl ar ben ei gilydd. Clywodd Elen sgrech ac yna syrthiodd corff diymadferth ar ei thraws. Roedd Mirabelle wedi'i chwistrellu'i hun i gysgu!

A nawr roedd breichiau Owen wedi gafael am ganol Smith tra oedd Dewi yn gwneud ei orau i'w amddiffyn ei hun rhag ergydion y dyn—nes i'r plwc sydyn beri i'r tri syrthio yn erbyn y drws. A'r eiliad nesaf agorodd hwnnw —a disgynnodd Smith ac Owen drwyddo a syrthio o'r golwg o flaen llygaid Dewi a'r merched.

Sgrechodd olwynion y trên ar y cledrau wrth i Elen dynnu'r cortyn argyfwng.

'Owen!' gwaeddodd Dewi gan godi'n simsan ar ei draed.

Yn union gyferbyn â'r cledrau roedd y tir yn gorffen yn sydyn a chlogwyn yn disgyn ddau can troedfedd i lawr. Neidiodd Dewi i'r ddaear wrth i'r trên stopio a rhedeg at yr ymyl.

'O na!' ebychodd.

Clywodd draed eraill yn rhedeg ato —ac Elen yn eu plith—ond syllu'n drist wnaeth Dewi ar y sbecyn bach llonydd oedd yn gorwedd ddau can troedfedd o dano.

'Owen!'

'Er mwyn popeth—helpa fi'r twp-syn!'

A daeth pen Owen i'r golwg wrth ymyl y dibyn.

'Owen!'

Ac estynnodd Dewi'i law i afael yn llaw ei gyfaill oedd wedi gafael mewn cangen o goeden wrth fynd dros y dibyn.

Gwelwi a wnaeth Owen pan edrych-odd e 'nôl a gweld y sbecyn bach llonydd ar lawr y dyffryn—wnâi'r 'Bos' mo'u poeni nhw—na neb arall—fyth eto.

PENNOD 18

Roedd ambiwlans a thri o geir yr heddlu'n disgwyl amdanyn nhw ym Mlaenau Ffestiniog pan gyrhaeddodd y trên awr yn hwyr. Ai dychmygu'r olwg o siom ar wyneb yr Arolygydd Olwen Roberts a wnaeth Dewi pan glywodd honno fod Smith yn gorff filltiroedd i lawr y cwm? Ond roedd hi'n falch i weld fod y bechgyn yn holl-iach ac yn llawn edmygedd am y ffordd yr aeth Delyth ac Elen ati i helpu i ryddhau'r ddau. Roedd Mirabelle yn dal i gysgu fel mochyn ac yn gorwedd mor ddigyffro â darn o bren ar draws sedd y cerbyd.

'Wel, Doctor?' meddai'r arolygydd yn bryderus. Roedd ganddi un corff ar

112

ei dwylo'n barod. Doedd arni ddim awydd cael un arall.

Ond nid oedd y meddyg wedi gorffen ei waith nac yn dangos unrhyw awydd i frysio. Plygodd dros Mirabelle, gan godi clawr un o'i llygaid, a theimlo curiad ei chalon. Edrychodd y lleill ar ei gilydd. Oedd Mirabelle yn mynd i farw o flaen eu llygaid?

'Fydd hi'n iawn, doctor?'

'Yn iawn i sefyll ei phrawf, chi'n meddwl, Inspector?'

'Wel—ia, debyg—ond—ddim eisio iddi farw ydw i.'

'Wel, peidiwch â phoeni, Inspector. Mi gysgith hon am wyth neu naw awr eto, mae'n siŵr gin i, ond mi fydd hi'n iawn erbyn y bora,' a rhoddodd wên foddhaus ar yr arolygydd.

'Diolch, Doctor,' meddai Olwen Roberts ag ochenaid o ryddhad ond yna fe edrychodd ar y ddwy eneth a'i hwyneb yn caledu.

'Fydd dim angen i chi'ch dwy gael eich cyhuddo o ddynladdiad, felly.'

Llyncodd Delyth yn galed—fyddai hi ac Elen wedi'u cyhuddo o ddynladdiad petai Mirabelle wedi marw?

'Ond doeddan ni ddim yn bwriadu'i lladd hi, Inspector, wir rŵan!' protestiodd Elen. Ond roedd golwg ddifrifol o hyd ar wyneb yr arolygydd.

'Felly wir?' meddai â nodyn anghrediniol yn ei llais.

'Wrth gwrs, ddylach chi byth fod wedi mentro fel y daru chi'ch dwy—roedd yn beth peryg' iawn i'w wneud.'

'Oedd, Inspector,' atebodd Delyth a'i phen yn isel.

'Mi allech fod wedi cael niwed—eich lladd hyd yn oed! A heblaw hynny—mi 'dach chi wedi troseddu'n ddifrifol iawn, wyddoch chi.'

Edrychodd y pedwar ar ei gilydd yn syn.

'Sut hynny?' gofynnodd Elen. 'Rown i'n meddwl mai helpu ddaru ni.'

'Wna i ddim gwadu hynny—ond mi 'dach chi wedi ymyrryd yng ngwaith yr heddlu—y pedwar ohonoch chi—ac mae hynny'n beth difrifol dros ben—

114

mi fydd rhaid imi'ch riportio chi i'r Prif Gwnstabl—oni bai eich bod yn fodlon imi'ch cosbi chi fy hun, wrth gwrs.'

Roedd tri o'r pedwar yn teimlo'n bur anghysurus—ymyrryd yng ngwaith yr heddlu—cosb?!

'Shwd gosb, Inspector?' gofynnodd Dewi mewn llais diniwed, nad oedd yn llwyddo'n llwyr i guddio'i awydd i chwerthin. Syllodd yr arolygydd yn galed arno ac yna dechreuodd ei llygaid loywi. Roedd wedi cofio fod Dewi'n fab i arolygydd ac yn gwybod digon am waith yr heddlu i ddyfalu pa fath o 'gosb' oedd ganddi mewn golwg.

'Hm—dewch weld—llond eich bolie o hufen iâ a mefus, hwyrach?'

'Inspector—wir!'

*   *   *

'Ydych chi'n siŵr y byddwch chi'ch dau'n iawn?'

'Leicech chi ddim newid eich meddwl a dod adre 'da ni?'

Y ddwy fam oedd yn siarad, mamau Dewi ac Owen, oedd wedi gyrru o'r

Barri i Dalsarnau i'w nôl—a chael croeso oeraidd dros ben gan y ddau.

'Mam! Peidiwch â'n trin ni fel plant, er mwyn popeth!'

'Ŷn ni'n gallu edrych ar ôl ein hunain!'

Edrychodd y ddwy fam ar ei gilydd ac ochneidio'n dawel.

'Wel—os ych chi'n hollol siŵr—'

'Yn hollol siŵr, Mam!'

'Heblaw 'ny—mae 'na ddisgo yn y ganolfan heno ac—ac—mae gyda ni gwmni i fynd iddo.'

'Licen ni mo'u siomi nhw,' chwanegodd Owen yn frysiog.

'Nhw?'

'O—ym—ein ffrindia ni—'

'Delyth ac Elen, ti'n meddwl?'

'Wel—ie, sbo.'

Gallai Owen deimlo'r gwrid yn lledu dros ei fochau.

'Fydde hi ddim yn beth neis i'w wneud ar ôl addo—'

'Yn enwedig wedi iddyn nhw'ch achub chi'ch dou ar y trên?'

Nodiodd Dewi.

'Yn hollol.'

Edrychodd y ddwy fam ar ei gilydd eto.

'Wel, cystal inni'i throi hi 'te, Jane, a gadael y pedwar i fwynhau'r disgo.'

'Ie, sbo.'

'Diolch, Mam!'

'Ie, diolch yn fawr!'

      *   *   *

Roedd pythefnos wedi mynd heibio ers hynny a'r cyfeillgarwch rhwng Dewi, Owen, Delyth ac Elen, wedi tyfu'n gryfach. Ac erbyn hyn, a hithau'n bryd i'r ddau fynd adref, roedd rhyw deimlad o dristwch wedi gafael yn y pedwar.

Ymhen ychydig funudau fe fyddai'r bws Traws-Cambria'n cyrraedd. Roedd mam Elen wedi'u hebrwng yno o Dalsarnau ac yna wedi gadael y pedwar i ffarwelio â'i gilydd. A nawr roedd y pedwar yn cerdded fesul dau, Owen gydag Elen a Dewi gyda Delyth, o gwmpas y tir agored o flaen yr arhosfan.

118

'Fe fydd yn od mynd o'ma,' meddai Owen.

'Mi fydd yn rhyfadd yma hebddoch chitha,' meddai Elen.

'Ond mi fyddwch yn falch i gael mynd adra i'r Barri, mae'n siŵr,' meddai Delyth.

'Yn falch i gael mynd adre i'r Barri?' meddai Dewi'n anghrediniol.

'Wel ia—mi 'dach chi 'di sôn cymaint am yr Ynys a'r ffair, Castell Caerdydd, a thripiau ar long y Waverley. Mi faswn i'n meddwl 'i bod hi'n nefoedd i fyw yno!'

'Wel pam na ddewch chi i lawr i weld drosoch eich hunain 'te?' meddai Dewi.

'Ie—syniad ardderchog!' chwanegodd Owen a'i lygaid yn gloywi.

Yr eiliad nesaf daeth sŵn i'w clustiau a wnaeth i'r pedwar gyffroi; roedd y bws yn dod, yn nesáu, yn sefyll. Agorodd y drws yn ddisgwylgar.

'Beth amdani—licech chi ddod i'r Barri i'n gweld ni?' meddai Dewi.

'Wrth gwrs!'

'Gwell inni ofyn gartre 'te, iawn?'

'Iawn!'

'Ac mi ffoniwn ni, o ce?'

Yn sydyn teimlodd Dewi gusan feddal, swil, a'r eiliad nesaf roedd yn dringo i mewn i'r bws a'i wyneb yn goch. Syllodd i fyw llygaid ei gyfaill.

'Paid ti â meiddio gweud gair!'

'Dim ond un—lwcus!'

Daliodd y ddwy i chwifio'u dwylo wrth i'r bws ddiflannu i gyfeiriad Trawsfynydd. Yna ochneidiodd Delyth.

'Mi fydd yn chwithig hebddan nhw, on' bydd?'

'Bydd—hen hogia' iawn oeddan nhw, wsti.'

Twt, twt! Roedd car mam Elen yn agosáu.

'Hylô—ydan nhw wedi mynd?'

'Ydan, Mam—a be' dach chi'n feddwl—maen nhw eisio inni fynd lawr i'r Barri i'w gweld nhw rywdro ac maen nhw am ofyn gartra gawn ni ddod ac mi ffonian nhw cyn hir . . .' Fe fyddai'n amser mynd 'nôl i'r ysgol cyn

120

bo hir iawn ac fe hedfanai'r wythnosau heibio. Fe fyddai'r ddwy'n siŵr o wneud rhagor o ffrindiau a'r rheiny mor ddymunol â'r ddau hogyn o'r Barri, digon tebyg. Ond wnaen nhw byth anghofio'r antur a gawson nhw gyda'i gilydd ar y trên ac fel yr helpodd y ddwy'r bechgyn i drechu Mirabelle ac fel y cafodd Smith ei ladd ac fel y bu bron i Owen rannu'r un dynged ag ef. A hwyrach y caen nhw fynd i adnewyddu'r cyfeillgarwch i lawr ar draeth melyn Ynys y Barri rywbryd —y flwyddyn nesaf o bosibl. Pwy all ddweud?